축구

SOCCER IQ

지능

축구 경기를 전략적으로 지배하는 능력

푸른솔

축구 지능 – 축구 경기를 전략적으로 지배하는 능력

2014년 9월 27일 초판 1쇄 발행
2023년 1월 25일 초판 3쇄 발행

저자 / 댄 블랭크
역자 / 김용진·이용수
발행자 / 박흥주
발행처 / 도서출판 푸른솔
편집부 / 715-2493
영업부 / 704-2571
팩스 / 3273-4649
디자인 / 이산
주소 / 서울시 마포구 삼개로 20 근신빌딩 별관 302
등록번호 / 제 1-825

값 / 15,000원

ISBN 978-89-93596-50-2 (93690)

축구
SOCCER IQ
지능

축구 경기를 전략적으로 지배하는 능력

댄 블랭크 지음 / 김용진·이용수 옮김

푸른솔

축구 선수와 코치의 필독서

/

이 책은 훈련을 보다 효과적으로 할 수 있는 논리적 토대를 제공함으로써 훈련과
실전 외에 축구를 지혜롭게 생각하는 것만으로도 축구 실력이 발전할 수 있다는
사실을 우리에게 알려줍니다. 경기장에서든 연습장에서든 풀 수 없었던 축구의
어려운 문제들...『축구 지능 - 축구 경기를 전략적으로 지배하는 능력』은 여러분
들에게 이러한 문제의 이유와 원인 그리고 해결책을 제시합니다.
이영표 _ KBS 축구 해설위원, 前 축구 국가대표

마침내 이런 책을 쓴 사람이 나왔다! 축구 선수가 모두『축구 지능 - 축구 경기를
전략적으로 지배하는 능력』을 읽는다면 모든 감독은 한층 더 행복할 것이다.
마크 프랜시스(Mark Francis) _ 캔자스 대학교 축구 감독

댄 블랭크는 축구에서 최초로 최고의 교과서를 써냈다.
콜린 카마이클(Colin Carmichael) _ 오클라호마 주립대학교 축구 감독

『축구 지능 - 축구 경기를 전략적으로 지배하는 능력』은 축구 시험의 답안지다.
이러한 주제들이 경기와 시즌 도중 얼마나 자주 등장하는지 놀라울 따름이다.
존 립시츠(Jon Lipsitz) _ 켄터키 대학교 축구 감독

이는 모든 코치가 자신의 책장에 구비해야 할 책이다.
대니 산체스(Danny Sanchez) _ 콜로라도 대학교 축구 감독

『축구 지능 - 축구 경기를 전략적으로 지배하는 능력』은 읽기 편하고,
이해하기 쉬우며, 아주 재미있으면서도 놀라울 정도로 상황에 적절하다.
선수와 코치들에게 훌륭한 책이다.
브룩스 모나한(Brooks Monaghan) _ 멤피스 대학교 축구 감독

이 책은 내 팀에게 바로 필독서가 됐다. 30부를 주문하겠다.
스티브 뉴젠트(Steve Nugent) _ UNC-그린스버러 축구 감독

『축구 지능 - 축구 경기를 전략적으로 지배하는 능력』은 내가 읽었던 책들 중
가장 실용적인 축구 서적일 것이다. 쓸데없는 얘기는 없다.
우리가 매일 훈련에서 가르치는 핵심 원리만 간추려져 있다.
그래서 당신이 축구에서 당면하는 많은 문제를 해결할 것이다.
스티브 홀먼(Steve Holeman) _ 조지아 대학교 축구 감독

차 례

추천사

2009년 초 나는 미시시피 대학교의 축구 감독이었는데, 마침 수석 코치가 사임을 했다. 그러자 뛰어난 능력을 가진 코치 후보자들이 여럿이 자리에 관심을 표명하였다. 이 책의 저자인 댄 블랭크(Dan Blank)가 그때 이미 우리 코치진에서 자원봉사자로 근무하고 있었기에 나는 그를 수석 코치로 승진시킬 것인지 결정을 내려야 했다. 같은 시기에 우리와 같은 리그(conference)에 속한 아칸소 대학교에도 수석 코치 자리가 비어 있었기 때문이었다. 나는 우리 팀의 주장들을 불러서 현재의 자원봉사 코치를 수석 코치로 승진시키는 것이 어떤지 물어 보았다. 그들은 댄을 잘 모르고 있었기 때문에 회의적인 반응을 보였다. 나에게 갑작스러운 깨달음의 순간이 찾아온 것은 바로 이 선수들과 의논을 하는 도중이었다. 나는 주장 선수들에게 다음과 같이 말해주었다: "내가 확실히 말할 수 있는 것은, 그가 절대로 아칸소 대학교의 코치가 되어서는 안 된다는 것이야!" 바로 그렇게 해서 댄이 우리 미시시피 대학교의 수석 코치가 되었던 것이다.

2009년 시즌은 내가 미시시피 대학교에서 보낸 15년 가운데 가장 즐겁고 기억에 남으며 성공적인 해였는데, 댄이 그 성공의 주요한 공헌자였다. 그는 여러 가지 임무를 수행하였고, 특히 수비 부문을 책임졌다. 나는 그에게 완전한 자율권을 주어서 소신껏 수비를 조직하게 하였다. 그런데 그의 인생을 조금 더 피곤하게 만든 일이 생겼다. 그것은 All-American 팀에 선발되었던 우수한 중앙 수비수를 빼내어 중앙 미드필더로 보직을 바꾸게 된 일이었다.

그해에 우리 팀은 1학년 2명, 2학년 1명, 4학년 1명으로 포백을 구성하였다. 골키퍼는 신장이 165센티미터인 비스카웃(walk-on) 선수로, 우리 대학이 소속된 리그에서 가장 단신이었다. 그런데 그해에 우리 미시시피 대학교는 리그에서 가장 우수한 평균 실점을 기록하였다.

2010년 4월 나는 조지아 대학교의 감독직을 맡게 되어서 댄과 함께 자리를 옮겼고 거기에서도 그에게 수비를 맡겼다. 조지아 대학교에는 로라 에디(Laura Eddy)라는 선수가 있었는데, 에디는 팀의 중앙 수비수로서 SEC(Southeastern Conference) 리그의 '올해의 신입생'에 선정되었던 선수였다. 나는 미시시피 대학교에서 했던 것과 똑같이 즉각 이 최우수 수비수를 미드필더로 보직 변경시킴으로써 수비의 중앙에 커다란 구멍을 내고 말았다. 그러나 아무런 문제도 되지 않았다.

2010년 조지아 대학교는 SEC 리그에서 가장 우수한 평균 실점을 기록하였다. 나는 이것이 우연의 일치라고 생각하지 않는다. SEC 역사상 댄 이전에 서로 다른 대학에서 2년 연속 최우수 수비팀을 지도한 코치는 없었다. 나는 조지아 대학교가 리그에서 가장 우수한 수비를 갖춘 것은 리그에서 가장 우수한 코치에 의해 조련을 받았기 때문이라고 생각한다. 단언컨대 나의 수석 코치는 자신의 임무를 꿰뚫고 있다.

이 책은 내용이나 간결성에서 모두 대단히 훌륭하다. 내가 이 책을 읽는 동안 끊임없이 머리에 떠오른 생각은 '왜 전에는 아무도 이러한 작업을 하지 않았지? 왜 이런 정보를 아무도 활자화 하지 않았지?' 하는 것이었다.

너무 많은 선수들이 충분한 수준의 기본적인 축구 지혜[street smarts: (도시)거리에서의 처세술, 여기서는 경기장에서의 지혜]를 습득하지 못한 상태에서 대학 수준에 도달하고 있다. 이 책이 여러분에게 줄 수 있는 것은 바로 축구의 지혜이다. 그것은 단순한 운동선수나 재능 있는 선수가 되게 하는 것이 아니라 생각하는 사람이 되게 하는 것이다. 이 책은 여러분에게 진주를 선물하고 있는데, 이 진주들은 여러분의 두뇌가 충분히 소화할 수 있는 크기로 한입에 쏙 들어갈 수 있게 만들어져 있다. 다른 무엇보다 좋은 것은 여기에 소개된 전략들을 바로 실천에 옮김으로써 즉시 더 좋은 선수가 될 수 있다는 것이다.

여러분은 지금까지 쓰인 축구 책 중에서 가장 도움이 되는 책을 읽기로 선택한 것이다. 재미있게 읽으세요!

조지아 대학교 축구 감독

머리말

여러분은 1960년 존 F. 케네디와 리처드 닉슨의 미국 대통령 선거전에서 땀방울이 승패를 결정하는 데 큰 역할을 하였다는 점을 알고 있는가? 이 두 후보는 미국에서 처음으로 실시된 텔레비전 생방송 토론에 참여하게 되었고 이 토론회는 엄청나게 중요한 결과를 가져오게 되었다. 수백만의 시청자들이 누가 이 국가를 가장 잘 이끌어나갈 수 있을지 판단하려고 텔레비전 앞으로 모여 들었다. 이 토론회의 승자가 대통령직을 얻게 되어 있었다.

케네디를 지원하는 팀은 닉슨이 땀을 잘 흘린다는 것을 알고 있었기 때문에 토론이 시작되기 전에 텔레비전 스튜디오의 온도 조절기를 몇 시간 동안 올려놓았다. 후보자들이 도착했을 때 스튜디오는 불편할 정도로 후텁지근했다. 더운 스튜디오 때문에 닉슨은 신경질적이 되었다. 케네디가 냉정하고 침착하며 국가를 이끌어 갈 만한 자질이 있는 것처럼 보인 반면 닉슨의 얼굴에는 땀방울이 흘러내렸다. 이는 닉슨이 신경질적이어서 대통령 감으로는 맞지 않는 사람 같은 인상을 주었다. 그 토론회의 가장 대표적인 이미지는 닉슨이 손수건으로 얼굴의 땀방울을 닦아내는 장면이다.

케네디는 토론회에서 압도적인 승리를 거두었고 이 성공은 투표소에 그대로 이어졌다. 케네디는 미국의 제35대 대통령이 되었고 세계에서 가장 큰 권력자가 되었다. 어떤 한 명석한 사람이 온도 조절기를 올리면 효과가 있겠다는 생각을 한 것이 이 모든 결과를 가져온 것이다.

이 책이 쓸모가 있으려면 작은 것들이 정말로 중요하며, 그런 작은 것들 중 단 한 가지 때문에 게임의 승패가 좌우된다는 사실을 독자 여러분이 믿어야 한다.

이 책은 축구의 테크닉에 관한 것이 아니다. 여러분은 이미 이 책을 구입할 정도로 축구에 관심이 있기 때문에 이미 상당한 수준의 테크닉을 가지고 있으리라 전제하겠다. 여러분 중에는 코치도 계시리라고 믿는다. 이 책은 축구 경기 도중에 발생하는 축구에 관한 판단을 다루고 있다. 즉 선수들이 플레이에 대해서 판단을 내리고 생각하고 있을 때 코치들이 '아, 이 녀석은 제법 똑똑한데!' 라고 생각하게 되는 그런 선택의 장면들을 여러 장의 스냅 사진처럼 묶어놓은 것이다.

여기에 나오는 개념들에 일정한 순서가 있는 것은 아니다. 모든 내용이 다 중요하며 어떤 것 하나라도 승패를 결정짓는 차이를 초래할 수 있다.

　나는 20년 이상 대학 축구에서 코치직을 수행하고 있는데, 너무 많은 선수들이 이러한 기본적인 개념의 정립 없이 대학 축구에 진출하는 것이 놀라울 따름이다. 이 개념들은 단순한 것이다. 그냥 평범한 상식에 지나지 않는다고 보일 수도 있다. 그러나 단언컨대 이러한 개념들을 숙지하고 플레이 순간마다 그것들을 일관성 있게 적용하는 선수들은 결코 평범하다고 할 수 없다.

　이 책은 대부분 축구의 너깃(nugget: 한 입에 먹을 수 있는 크기의 음식물들)을 모아놓은 것이다. 개별 너깃이 지닌 가치는 한 경기를 이기거나 심지어는 챔피언 결정전을 이길 수 있을 만큼 클 수도 있다. 읽어 보면 이 말의 뜻을 알게 될 것이다. 그러나 개념적으로 보면 그것들은 매우 기본적이다. 대부분은 그 자체로는 훈련의 단위가 되지 못할 수도 있으며, 훈련의 일부분도 차지하지 못할 정도로 기본적일 수도 있다. 그런 것들은 정말 너무 작은 개념이다. 대개 그것들은 한 입에 삼킬 정도의 아이디어라서, 코치들이 선수들에게 설명을 해주고 난 다음 언젠가 상황이 닥쳤을 때 선수들이 그것을 기억해내어 실행해 주기를 바라는 것일 수도 있다.

　내가 처음 이러한 축구 너깃들을 기록하기 시작한 동기는 언젠가는 나의 팀 선수들에게 시즌 내내 하루에 한 가지씩 '오늘의 팁'으로 소개하려고 하던 것이었다. 한 10년 동안 이를 해보려고 시도했으나, 정작 실행에 옮기지 못한 끝에 차라리 이를 읽기에 부담이 없는 책으로 출판하는 편이 더 쉬울 것이라는 판단을 하게 되었다. 그렇게 해서 이 책이 나오게 되었다.

축구 지능의 세계로 온 것을 환영한다.

제 1 장

축구 경기의 최고 경지

기본부터 시작해보자. 플레이의 속도. 이것이야말로 축구에서 성배 (Holy Grail), 즉 가장 소중한 것이다. 이를 이해한다면 총명한 축구 선수가 되는 첫걸음을 성공적으로 내디딘 셈이다. 그 이유에 대해선 의문을 갖지 마라. 빠른 것이 느린 것보다 낫다. 이게 바로 현대 축구의 흐름이다. 선수로서 당신이 할 일은 이미 할 줄 아는 모든 기술을 확실하게 자신의 것으로 만들고 그것들을 더 빠르게 실행하는 것이다.

빠른 것이 느린 것보다 본질적으로 더 좋다는 생각을 마음속으로 받아들일 수 있다면 당신은 이미 목적지에 절반은 다가선 셈이다. 축구팀 전원에게 그런 생각을 받아들이도록 할 수 있다면 당신은 많은 경기에서 승리를 거둘 것이다.

다른 모든 조건이 동일하다고 가정할 때, 내가 공을 단 한 번의 터치로 A지점에서 B지점으로 보낼 수 있다면 두 번의 터치로 보내는 것보다 더 좋다. 왜인가? 그 이유는 한 번의 터치가 두 번의 터치보다 빠르고, 빠른 것이 느린 것보다 낫기 때문이다. 물론 예외적인 경우가 있으며 나도 그것을 인정한다. 그러나 사람들은 너무 자주 마치 예외가 규칙인 것처럼 플레이를 한다. 기가 막히게 멋있는 조언들을 소개하겠다.

- 한 번의 터치로 임무를 완수할 수 있다면, 두 번 터치하지 말라.
- 두 번의 터치로 임무를 완수할 수 있다면, 세 번 터치하지 말라.

임무를 수행할 때 터치를 더 많이 할수록 그만큼 임무는 늦게 완수된다. 지능적인 선수가 되려면 가능한 한 적은 터치로 가장 효율적으로 임무를 완수해야 한다. 타임머신을 타고 지난번 경기로 되돌아갈 수 있다면, 그 경기에서 당신이 해낸 모든 것을 더 적은 볼 터치로 해낼 수 있겠는가? 그렇게 하려면 생각의 속도가 더 빨라야 한다. 공이 오기 전에 미리 판단해야 하며, 보다 정교한 기술을 사용해야 할 것이다. 요컨대 당신은 당신보다 더 우수한 선수들이 하는 플레이를 해내야 할 것이다.

너무 많은 선수가 공을 빨리 이동시키는 것의 본질적인 가치를 이해하지 못하고 있다. 빠른 템포에 필요한 신속하고 간결한 패스를 하는 대신, 다른 모든 가능성을 고려해보고 시험해본 다음에야 마지막 방편으로 단순한 패스를 시도하게 된다. 공이 올 때마다 그들은 바로 그때 그곳에서 애쓰면서 상대편을 궁지에 몰아넣을 결정적인 패스, 즉 킬러 패스(killer pass)를 할 자리를 탐색한다. 그런데 그 답은 항상 떠오르는 것은 아니어서, 그들은 이럴까 저럴까 망설이다가 자기 팀의 경기 속도를 조직적으로 늦추는 결과를 초래한다.

느린 플레이는 경기의 적이다. 그런 플레이는 상대편이 채비를 갖추도록 해준다. 느린 플레이를 하면 공격권을 빼앗기고 경기에서 진다.

모든 패스가 다 킬러 패스일 필요는 없다. 가끔은 동료에게 공을 이동시키는 것으로 충분할 때가 있다. 이때 공을 빨리 이동시키는 것이 천천히 이동시키는 것보다 더 나은 것이다.

바르셀로나 팀이 경기하는 것을 본 적이 있는가? 바르셀로나 선수들은 아무도 결코 공을 터치할 때마다 상대편을 이기기 위해 노력하지 않았다고 비난을 받지 않는다. 심지어는 득점기계인 리오넬 메시의 경우도 마찬가지이다. 바르샤(바르셀로나) 팀의 선수들은 공의 소유에 있어 아주 인내심이 강하여 심지어 이따금씩 경기장에 골대가 있는지를 깨닫지 못하는 것처럼 보일 정도이다. 단지 패스를 위한 패스를 하고 있는 것처럼 보일 때가 있다. 그들이 공을 계속 소유함으로써 철저히 상대팀이 녹초가 되도록 하는 방식은 일명 '천 번의 패스에 의한 죽음'으로 일컬어진다.

그러나 경기 전체의 맥락에서 보면 인내심의 축구처럼 보이지만, 그들은 여전히 최소한의 볼 터치로 공을 아주 재빠르게 이동시킨다. 그러므로 전체적인 경기 운영이 느리고 세심한 것처럼 느껴질지라도 각각의 부분은 여전히 숨이 막힐 정도의 속도로 빠르게 진행된다. 인내와 속도가 놀라울 정도로 조화를 이루며 상호공존하고 있다.

바르셀로나 팀의 선수들은 이 개념을 필승 전략으로 믿고 있다. 선수 개개인이 공을 빨리 이동시키는 것의 가치를 이해하고 있다. 그리고 모든 선수가 자기 발 앞에 공이 왔지만 적절한 답을 가지고 있지 않을 때에는 자신이 패스할 팀 동료가 아마도 그 답을 가지고 있으리라는 점을 알고 있다. 바르셀로나 팀에서 속도감 있는 경기 운영은 팀 문화이다.

당신은 축구에서 속도의 위계질서를 이해해야 한다.

가장 느림: 측면으로 움직이면서 페이크를 써가며 드리블을 하는 선수
느림: 공을 가지고 최고의 속도로 직선으로 달려가는 선수
빠름: 공을 소유하지 않은 채 달려가는 선수
가장 빠름: 움직이는 공

축구장에서 그 어떤 것도 움직이는 공보다 빠르지는 않다. 이는 정확한 사실이다. 운동장에서 가장 빠른 선수도 다른 선수가 찬 공만큼

빨리 10미터를 이동할 수 없다. 당신도 마찬가지이다. 그리고 바로 이것이 자신의 이기심을 순간적으로나마 맘껏 즐기는 것 이상의 아무것도 달성할 수 없는 쓸데없는 볼 터치와 경기에서의 승리 간에 선택을 해야 하는 이유이다. 공을 20미터 이동시키고 싶다면 드리블을 하는 것보다는 오히려 패스를 하는 편이 훨씬 더 빨리 그 목표를 이룰 수 있을 것이다. 그리고 아무래도 빠른 것이 느린 것보다 더 좋다.

이제 아주 값진 지혜의 말 한마디를 더하고자 한다. 빠르게 경기를 하려면 빠르게 경기를 하려는 '욕망'이 있어야 한다. 이는 경기에 임하기 전에 내려야 할 결정이다. 경기를 빨리 진행하려고 의식적으로 결심해야 한다. 당신의 볼 터치를 제한하려고 의식적으로 결심해야 한다. 빠른 경기 운영은 우연히 일어나는 것이 아니다. 실제로 빠른 경기 운영이 되어야 한다고 마음을 먹지 않는다면 빠른 플레이는 일어나지 않을 것이다.

빠른 경기 운영은 습관 그 이상의 것이다. 그것은 생활방식, 즉 라이프스타일이다. 그리고 빠른 경기 운영보다 더 중요한 것은 없다는 개념을 내면화하고 받아들일 때에만 비로소 그것을 이루어낼 수 있다. 빠른 것이 느린 것보다 낫다. 빠른 경기 운영이 경기에서 승리할 수 있는 답이다. 총명한 선수들은 빠르게 경기하는 것을 최우선으로 삼는다.

이 책의 제8장에는 내가 가장 좋아하는 일명 '31'이란 볼 소유 게임이 소개되어 있다. 이 게임은 선수들이 한 번의 볼 터치로 경기를 해야 할 때와 계속 공을 유지해야 할 때를 판별하도록 도와주는 훌륭한 연습이다.

제 2 장

공을 죽여서 플레이하기

'공을 죽여서 플레이하라(play from a spot)' 는 말의 의미는 공을 당신 가까이에 멈춘 다음 그 지점에서 패스하거나 슈팅하라는 것이다. 이보다 더 간단할 수는 없지 않은가?

한 선수가 미드필드 지역에서 공을 받은 채 상대편의 골문을 향해 정면으로 서 있고 가장 가까이에 있는 상대편 선수가 그 선수 바로 정면 12미터 지점에 떨어져 있다고 가정해보자. 이때 공을 소유하고 있는 선수는 고개를 들고 패스할 곳을 찾기 위해 사용할 수 있는 12미터의 완충 공간(cushion)을 가진다. 이 선수가 자신의 몸 가까이에 공을 정지시켜, 상대편 수비수가 공을 위협하기 위해서는 어쩔 수 없이 12미터 전체를 신경 쓰도록 함으로써, 공이 정지된 바로 그 지점에서 경기를 하는 것이 당연히 이치에 맞다.

그런데 그러지 않고 공격자가 4미터 앞쪽으로 첫 볼 터치를 하고 상대편이 공격자의 진로를 막기 시작하여 5미터를 접근했다고 하자. 그러면 처음에 확보되었던 12미터의 완충 공간은 어느 새 3미터로 줄어들고 순식간에 완전히 사라질 것이다. 그 다음 당신이 듣게 되는 것은 발들이 충돌하는 소리이고 공은 멋대로 튕겨져 나가 상대편 팀의 소유가 된다.

나는 아주 많은 선수가 마치 미식축구의 러닝백(공격 라인 후방에 있다가 공을 받아 달리는 공격 팀의 선수)처럼 공을 받은 다음 상대편의 태클이 들어올 때까지 전방으로 공을 가지고 달리며 경기하는 것에 놀라곤 한다. 왜 공격수가 자신과 상대편 수비수 사이에 만들어진 완충 공간을 자발적으로 양보하는지 이해가 되지 않는다. 그 완충 공간은 당신의 소유이다. 그것은 당신이 좋은 결정을 내리고 최소한의 압박을 받으며 기술을 발휘할 수 있는 공간이다. 왜 그것을 기꺼이 포기하려 드는가?

상대편을 향해 긴 볼 터치를 시도한다는 것은 상대편이 해야 할 일을 절반쯤 대신해주는 것이다! 공을 상대편에 더 가까이 가져가는 것은 당신이 해야 할 일이 아니다. 당신을 압박하기 위해 당신의 활동범위를 좁혀야 하는 쪽은 상대편이다. 상대편이 할 일을 도와주는 행동은 이제 그만하라! 상대편을 편안하게 해주면서 자신을 힘든 곤경에 빠뜨리는 일은 제발 중단하라!

공을 당신 가까이 죽여 놓은 상태에서 즉시 전방으로 플레이할 자세를 취하면, 근처에 있는 상대편 수비수는 새로운 문제에 봉착한다. 이제는 태클로 공을 빼앗는 것이 아니라 당신의 전진 패스를 저지하는 것이 그의 주 관심사가 된다. 즉 당신에게 달려들 생각을 하는 것이 아니라 당신의 패스를 막기 위해 몸을 좌우로 움직일 채비를 갖추어야 한다. 실제로 당신이 앞쪽으로 공을 차기 위해 자세를 갖추면 상대편 수비수는 그 자리에 꽁꽁 묶이고 당신의 완충 공간은 그대로 보존된다. 이것이 바람직한 것이다.

나를 훨씬 더 어리둥절하게 만드는 경우는 너무 자주 선수가 볼 컨트롤을 하기도 전에 그 완충 공간을 뚫고 나아간다는 것이다. 내가 축구 동호회의 경기를 지켜볼 때마다 공이 무릎, 정강이, 허벅지나 배에서 튕겨나가는 와중에 경기장을 따라 공을 몰고 가는 모습을 보게 된다. 공이 땅바닥에 닿도록 하지 않으면서 무엇 하나 정확하게 달성할 수 있다고 기대하는가? 제발 잠시 숨을 고르고 공을 정지 상태에 놓아라! 가장 중요한 것을 먼저 처리해야 한다. 그렇지 않은가? 내 말을 믿어라. 관중들의 환호를 받기 위해 50미터를 냅다 달리기 시작하기 전에 먼저 제동을 걸고 볼 컨트롤을 하는 것이 더 좋다.

공을 죽인 상태에서 경기하라는 개념을 축구팀에 설명할 때 나는 EPL(영국 프리미어 리그) 경기 비디오를 사용한다. 어느 경기이건 상관없다. 모든 EPL 경기는 바로 그 점을 잘 보여준다. 모든 EPL 팀은 자신이 과도한 압박을 받지 않도록 하는 것의 가치를 이해하는 똑똑한 선수들을 보유하고 있기 때문이다. 프로 선수 수준에서는 특히 선수가 수비 진영이나 경기장의 중앙 1/3 지역〔흔히 경기장은 3등분하여 수비 1/3 지역, (하프라인을 포함하는) 중간 1/3 지역, 공격 1/3 지역으로 나뉜다.〕에 있을 때에는 패스를 받고 나서 습관적으로 공을 자신의 몸 가까이에 정지시킨다. 그들의 다음 볼 터치는 보통 상대편의 압박을 받지 않는 상태에서 팀 동료에게 패스하는 것이다.

나는 EPL 경기를 절반쯤 보고 나서 각 팀이 몇 번이나 공을 멈춘 상태에서 경기를 하는지(한 번의 볼 터치 패스는 공을 멈춘 상태에서 경기한 것으로 간주함) 세어보도록 지시한다. 그런 다음 자기가 뛴 경기 중 하나를 보고 같은 방식으로 정지 상태의 플레이를 세어보도록 한다. 당신의 소속팀이 그토록 많은 공을 상대팀에게 헌납하는 이유가 하나 있다. 청소년 팀이 연달아 3번 이상의 패스를 이어가는 경우를 당신이 거의 보지 못하는 이유가 하나 있다. 그것은 선수들이 바로 이 간단한 개념을 완전히 터득하지 못했기 때문이다. 지속적으로 스스로를 압박 속에 몰아넣으면서 공의 소유권을 계속 유지하기를 기대할 수는 없다.

공을 죽인 상태에서 경기하는 것을 배워라. 그러면 당신은 훨씬 더 많은 패스를 완수할 것이고 당신의 팀은 한층 더 많은 시간 공을 소유할 것이다.

코치들을 위한 한마디

당신이 이를 이해한다면 선수들도 마찬가지로 이를 이해하도록 해야 한다. 그것은 팀의 볼 점유율을 높이는 능력에 즉시 영향을 미칠 것이다. 나는 앞서 언급한 비디오 훈련 방식을 제안한다. 팀을 2개 조로 나눈 후 EPL 경기를 절반쯤 본다. 각 조에 EPL 팀 중 하나를 할당하여 그 팀이 공을 죽인 다음 수행한 패스의 수를 기록하도록 한다. 공을 죽인 상태에서 경기하는 것을 선수들에게 충분히 이해시키려면, EPL 경기를 본 후 당신 팀의 경기 중 하나를 비디오로 녹화한 것을 보면서 공을 죽이고 난 다음에 한 패스의 수를 기록하게 한다. 장담하건대 통계치상의 충격적인 차이가 당신의 선수들에게 영향을 미칠 것이다.

제 3 장

불가능한 패스

나는 단 한 번도 선수들이 경기장에서 하는 의사소통에 만족해본 적이 없다. 만일 내가 모든 선수에게 경기 중 필요한 정보를 충분히 교환하도록 할 수만 있다면, 우리 팀은 전체적으로 새롭고 향상된 수준으로 도약할 것이다. 이는 나중에 자세히 설명하겠다. 이 장은 무엇을 말해야 하는지에 관한 것이 아니라 무엇을 말하지 않아야 하는지 그리고 언제 말하지 않아야 하는지에 관한 것이다.

의사소통을 잘하는 똑똑한 선수들은 공을 어떻게 처리하는 것이 최선인지에 대해 말한다. 그들은 팀 동료에게 경기 도중 발생한 문제들을 해결하도록 도와주는 간결한 조언을 해준다. 그들은 팀 동료들 간 공의 이동을 지휘하면서 마치 장기판의 말들을 움직여 공격을 은밀히 계획하는 장기의 고수와 비슷하다. 똑똑한 선수들은 그렇게 한다.

대부분의 선수들이 하는 플레이는 공을 가진 팀 동료가 제니인 것을 확인하고 "제니! 제니! 제니!"라고 소리치는 것이다.

그러면 미드필드에 있는 가엾은 제니가 2명의 결의에 찬 적들을 피하려고 최선을 다하면서 받는 유일한 도움이란 고작 10명의 팀 동료들이 10개의 제각기 다른 방향에서 자신의 이름을 외치는 소리이다. 생각해보자. 제니는 이미 자신의 이름을 알고 있다. 제니에게 필요한 것은 현재의 불쾌한 곤경에서 헤쳐 나오도록 도와줄 쓸모 있는 정보들이다. 제니는 "다니엘한테 공을 보내"와 같은 말을 해주는 팀 동료가 필요하다. 그것이 제니가 실제로 쓸 수 있는 정보이다. 그런데 그 대신 제니는 "제니! 제니! 제니!"라는 외침만 듣는다.

대부분의 선수들에서 의사소통 습관은 두 가지 이유 중 하나 때문에 형편없다: 그들은 충분히 대화하지 않거나 똑똑하게 대화하는 법을 모른다. 그래서 선수들의 유일한 대화 방법은 공을 가진 팀 동료의 이름을 외치는 것이고, 따라서 그들은 똑똑한 대화자가 되지 못한다.

이런 종류의 가장 터무니없는 공격 방법에 대해 분개하여 나는 '불가능한 패스(the impossible pass)'란 용어를 만들게 되었다.

자, 제니가 다시 공을 잡는다. 이번에는 끈질기게 쫓아다니는 상대편에 의해 터치라인에 갇혀서 옴짝달싹 못하고 있다. 공은 제니와 터치라인 사이에 있다. 제니는 상대편과 공 사이에 있다. 그리고 상대 진영 20미터에서 당신이 "제니! 제니! 제니!"라며 소리 지르고 있다.

그 지점에서 당신은 상대편의 압박을 받으며 당신을 볼 수도 없는 팀 동료 제니에게, 마치 마법이라도 부려서 공이 제니의 몸을 통과한 다음 상대편의 몸을 또 통과하여 20미터를 굴러가서 대기 중인 당신의 발에 도달하도록 공을 처리하라고 요청하고 있다.

내가 궁금한 것은 이것이다: 도대체 제니가 그 일을 어떻게 해내리라 기대하는가?

생각해보자. 당신이 노마크 상태로 얼마나 좋은 위치에 있는지 아무 상관이 없다. 당신이 그 패스를 받아서 골을 넣을 가능성이 얼마나 높은지도 상관이 없다. 그런 것들은 중요하지 않다. 왜냐하면 제니는 제아무리 애를 써도 당신에게 공을 패스해줄 수가 없기 때문이다. 알겠는가? 당신은 불가능한 패스를 요구하고 있는 것이다! 그리고 당신이 소리침으로써 달성할 수 있는 유일한 결과는 당신 이외의 그 누군가가 실제로 제니에게 줄 수도 있을 유익한 정보의 전달을 흐리는 것뿐이다.

당신이 공을 원한다는 것은 십분 이해한다. 정말이다. 그러나 문제에 대해 좀 상식적으로 접근해보자. 만일 당신이 제니에게 당장 닥친 문제를 해결해줄 정보를 전달한다면, 당신 팀은 훨씬 더 큰 혜택을 받을 것이다. 아마도 당신이 전해준 유용한 정보 때문에 공이 당신 이외의 다른 팀 동료에게 패스될 것이고 공을 받은 팀 동료는 당신이 골을 넣을 수 있도록 패스해줄 수 있다. 이것이 더 이치에 맞지 않는가?

팀 동료에게 말할 때에는 분명하고 간결한 단어나 문장으로 말하는 것이 좋다. 공을 가진 동료에게 마치 그가 눈가리개를 해서 완전히 당신에게 의존하는 것처럼 가정하여 말하라. 제니는 당신이 자신의 이름을 부를 때 당신이 무슨 생각을 하고 있는지 모른다. 하지만 당신이 "뒤에 붙었다!(Man on!)", "서두르지 마(Time)" 혹은 "돌아(Turn)"라고 말을 하면 그는 당신의 말뜻을 정확하게 알 것이다. 그가 공을 막 크로스하려고 할 때 당신이 "가까운 쪽!(Near!)"이라고 외친다면 그는 크로스가 가까운 골대 쪽으로 보내지길 원한다는 점을 알 것이다. 이러한 모든 대안은 제니가 문제를 해결하는 데 도움이 되는 정보를 제공해준다. 제니에게 이름만 불러댄다면 아무런 이득을 가져오지 못할 것이다.

요컨대 바보 같은 말을 하지 않는 것이 좋다. 그리고 불가능한 패스를 요청하지 마라. 공은 오지 않을 것이기 때문이다.

코치들을 위한 한마디

매번 연습할 때마다 선수들에게 유용한 의사소통을 요구하라. 선수들이 유용한 정보를 주고받을 때 축구가 얼마나 쉬운지 깨닫고 깜짝 놀랄 것이다.

제 4 장

패스 각도와 공감 능력

패스 각도의 중요성은 이렇다: 적절한 패스 각도를 재빨리 그리고 지속적으로 파악할 수 있는 능력이 있다고 해서 위대한 선수가 되는 것은 아니지만, 재빨리 그리고 지속적으로 패스 각도를 파악할 수 없다면 결코 위대한 선수가 될 수 없다.

패스 각도는 (상대편) 선수들 사이나 선수와 경기장 라인 사이에 뻗어 있는 공간, 즉 공이 인터셉트 당하지 않거나 방향이 틀어지지 않은 채 뚫고 나갈 수 있는 공간이다. 선수가 공을 받으면 (사방으로 완벽하게 둘러싸여 있지 않은 경우에) 항상 패스할 공간이 있게 마련이다. 공을 받길 원하는 팀 동료는 이 공간들 중 어느 하나에서 공을 받기 위해 노력해야 한다. 축구는 흐름을 타는 경기이기 때문에 이러한 공간은 수시로 변한다: 나타났다가 사라지고 다시 나타난다. 똑똑한 선수는 공을 가진 선수가 자신에게 패스할 최적의 기회를 그에게 주는 공간들을 파악하기 위해 자신과 공 사이에서 전체적인 경기의 흐름을 읽어낼 수 있고 그러한 공간들 중 하나에 침투해 들어가기 위해 노력할 것이다.

경기장에서 우리가 중요하다고 여기는 것을 보자면, 빠른 경기 운영보다 더 높이 평가되는 것은 없다. 상대편이 달려가서 수비의 진영을 갖추기 전에 더 빨리 공을 이동시킬 수 있는 능력은 상대편을 흐트러뜨리는 가장 확실한 방법이다. 공을 재빨리 이동시키는 것은 공을 받는 선수가 얼마나 빨리 결정을 내리는가에 달려 있다. 재빠른 결정을 내리는 선수의 능력은 공이 자신의 발 앞에 왔을 때 이용할 수 있는 대안이 많고 적음에 달려 있다. 그런 대안들은 팀 동료들이 패스할 공간을 재빨리 파악하고 그쪽으로 이동하는 능력에 전적으로 영향을 받는다.

우리는 자주 선수들이 한 번의 볼 터치로 경기하기를 원한다. 선수는 특히 마주보는 방향에서 팀 동료들이 자신에게 유용한 대안들을 제공하지 못할 경우에 그런 경기 운영을 할 수 없다. 그러나 적어도 한 명의 팀 동료가 그런 방향으로 유용한 패스 공간에 침투해 들어갈 수 있다면 선수는 공을 받아 단 한 번의 터치로 패스할 수 있다. 그리고 한 번의 볼 터치에 의한 패스보다 더 빠른 경기 운영은 없다.

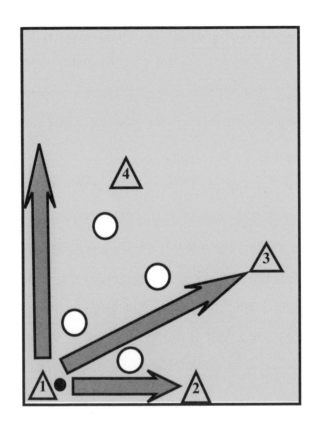

그림 4-1. 공을 가진 공격수에게 3개의 이용 가능한 패스 공간이 있다. 공격자 2와 3은 그런 공간 중 2곳
에 이미 들어가 있다. 그러나 공격자 4는 2명의 수비수 뒤로 사각(死角) 공간에 숨어 있다.

간단하게 들리는데, 사실 그럴까? 글쎄, 이론적으로는 그렇다. 그러
나 정작 볼 소유 연습을 지켜보면 패스할 공간으로 침투해 들어가기
위해 애쓰기는커녕 사각 공간(dead space)에서 꼼짝하지 않는 선수

가 무수히 많다. 이 때문에 절대 공을 빼앗길 상황이 아닌데도 공을 빼앗기는 경우가 무수히 많다.

패스할 공간의 파악은 쉬울 수밖에 없다. 이는 선수들에게 단 하나의 자질, 즉 '공감(empathy)'을 요구한다. 이제 막 공을 받으려는 팀 동료와 공감하라. "만일 그 동료가 나라면 그리고 내가 한 번의 볼 터치에 의한 경기를 원한다면, 나는 내 팀 동료가 어디에 있기를 바랄까?"라고 자문해보라. 글쎄, 아마도 그가 상대편 뒤에 숨어 있기를 원하지는 않을 것이다. 아마도 그가 상대편 사이로 뻗어 있는 공간에 있기를 바랄 것이다. 그런 공간을 파악하는 것이 제1단계이다.

제2단계는 실제로 공을 받을 선수가 발을 움직여 그 공간으로 침투해 들어가는 것이다. 이제 당신(공을 받을 선수)이 자문해보아야 할 유일한 질문은 당신이 실제로 공을 받길 원하는가 여부이다. 왜냐하면 상대편 뒤쪽에 숨어 있다면 당신은 공을 받지 못할 것이기 때문이다. 공은 상대편을 뚫고 나갈 수는 없지만 확실히 패스가 가능한 공간을 뚫고 나갈 수는 있다. 공을 받길 원한다면 팀 동료를 편안하게 해주고 패스가 가능한 공간으로 들어가라.

제 5 장

사용하기 편한 발로 패스 받기

패스를 받기 좋은 공간을 파악하고 그곳으로 이동한 후에 당신이 할 일은 사용하기에 편한 발에 공이 오도록 조금 더 노력을 기울이는 것이다. 그런데 사용하기에 편한 발은 일반적으로 당신이 받을 패스를 압박하려드는 수비수로부터 더 멀리 떨어져 있는 발이 될 것이다.

축구 수준이 높아지면서 그저 적절한 패스 공간에 침투해 들어가는 것만으론 부족하다. 어느 쪽 발로 공을 받아야 할지 이해해야 한다. 공이 당신에게 도달하기 전에 미리 결정을 내려야 하고 그에 따라 어느 쪽 발로 공을 받아야 하는지가 결정된다.

어느 쪽 발로 공을 받아야 할지 결정할 때 다음과 같은 질문에 스스로 답해야 한다.

어느 쪽 발이 내가 상대편의 압박을 피하기에 더 유리한가?

어느 쪽 발이 내가 공을 앞으로 전진시키기에 더 편한가?

어느 쪽 발로 다음번 패스를 할 것인가?

그리고 절대 첫 볼 터치 때문에 압박을 당하지 않도록 조심하라. 공을 받을 준비 태세를 갖추고 공을 받은 즉시 당신의 몸을 공과 압박해오는 수비수 사이에 위치시켜야 한다.

어느 쪽 발로 공을 받느냐 하는 것과 상관없이, 항상 두 번의 볼 터치를 할 필요는 없다는 점을 명심하라. 당신이 오는 공을 매번 정지시킬 자격이 있다고 쓰인 규칙은 절대 없다. 단 한 번의 볼 터치로 경기할 준비를 갖추어라. 왜냐하면 그런 상황이 자주 발생하기 때문이다. 공을 정지시키는 데 필요한 시간과 공간을 가지고 있지 않다면 일부러 그런 체하지 말아야 한다. 상황에 맞게 한 번의 볼 터치로 경기를 해야 한다.

이와 같이 상황에 맞게 적응하는 능력은 그야말로 이기느냐 지느냐의 차이를 의미할 수 있다.

코치들을 위한 한마디

사용하기 편한 발로 패스를 받지 못하는 선수는 자기가 무엇을 잘못하고 있는지 모르거나 유별나게 게으른 선수이다. 이를 습관화하는 유일한 방법은 연습 시간에 완벽을 요구하는 것이다. 꼼꼼히 지도하는 것이 중요하다.

제 6 장

사용하기 편한 발에 패스 하기

앞의 제5장에서는 공을 받을 경우에 대해 이야기했다. 이제 공을 받았으면 다음 번 조치는 공을 팀 동료에게 패스하는 것이다.

다시 말하지만 신속한 경기 운영의 가치를 명심해야 한다. 그리고 팀 동료 역시 빠르게 경기를 운영할 수 있도록 해야 한다. 아니면 적어도 팀 동료가 공을 계속 소유하기 위해 상대편과 싸울 기회를 가질 수 있도록 해야 한다. 이는 팀 동료가 사용하기 편한 발에 공을 패스한다는 의미이다.

축구는 사소해 보이지만 중요한 것들로 가득 차 있고 이것이 그런 것들 중 하나이다. 얼마나 많은 공격 기회가 상대편 선수가 아니라 오히려 사용하기 불편한 발에 공을 패스하는 동료 선수에 의해 좌절되는지를 보면 놀라운 일이다. 예를 하나 들면 다음과 같다.

우리 팀의 중앙 미드필더가 우리 오른쪽 윙을 향해 공을 대각선으로 드리블해 나가면서 상대편의 왼쪽 수비수와 2 대 1 상황을 이루고 있다(그림 6-1 참조). 이때 우리 미드필더가 할 일은 상대 왼쪽 수비수의 수비 영역을 침범하여 경기장 터치라인에 위치하고 있는 우리 오른쪽 윙에게 공을 패스하는 것이다. 우리 미드필더는 코치에게 지도받은 대로 정확하게 자신의 몫을 해낸다. 상대 왼쪽 수비수가 달려들 때 미드필더는 그를 피해서 공을 밀어 넣는다. 그 패스가 우리 윙의 오른발에 닿는다면 첫 터치로 터치라인을 따라 재빨리 앞으로 치고 나감으로써 수비수로부터 벗어나는 시도를 할 수 있다. 그런데 불행히도 그 패스가 우리 윙의 왼발에 도달했다고 하자. 그러면 공을 받기 위해 반걸음 뒤로 물러서야 하고, 두 번째 볼 터치를 하기 전에 수비수가 수비 위치로 되돌아와 어쩔 수 없이 우리 윙은 공을 계속 소유하려면 후방으로 돌려야 한다. 그러면 한때 곧 골을 넣을 것만 같았던 공격이 갑자기 정지되고 우리는 처음부터 다시 시작해야 한다.

45센티미터, 이것이 우리가 여기서 말하고 있는 패스 정확도의 차이이다. 패스가 단지 45센티미터 정도 빗나갔지만 골을 넣을 수 있는 완벽하게 좋은 기회를 망쳐놓았다. 그것이 사소한 실수인가?

공을 가지고 있을 때 패스를 받을 팀 동료와 공감해야 하고 그에게 성공할 수 있는 최고의 기회를 제공해야 한다. 이따금 그것은 너

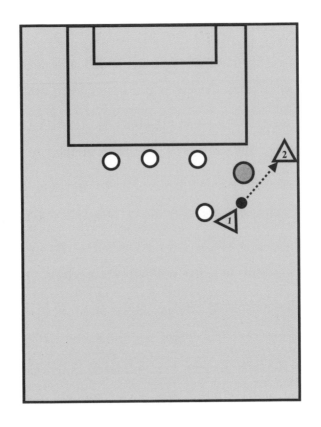

그림 6-1. 공격수가 바깥쪽에 있는 수비수(회색)를 상대로 윙의 앞쪽을 향하는 발에 공을 패스한다면, 그 윙은 수비수를 뒤로 한 채 첫 볼 터치를 할 수 있다. 패스가 뒤처진 발에 온다면 윙은 첫 볼 터치로 상대 진영에 침투해 들어갈 수 없을 것이다.

무 뻔한 일이어서 그야말로 고통스럽다. 왼발을 쓰는 팀 동료의 왼발에 공을 패스한다면 그 선수를 밀착 마크하는 상대편 수비수로부터 공을 보호할 수 있다. 반면 오른발에 패스한다면 그 공은 50 대 50의 볼 다툼 상황으로 들어가게 되고 팀 동료는 상대편 수비수의 벼락같은 태클에 의해 무참히 넘어질 수 있다.

여기서 내가 재키라고 부르는 한 선수와 가진 최근의 훈련 상황을 예로 들겠다. 양 팀 모두 골키퍼와 5명씩으로 구성된 경기를 하고 있었다. 재키는 골대를 등진 채 페널티킥 지점에서 패스를 받는데, 심한 압박을 받자 후방으로 완전히 열린 위치에 있는 팀 동료 메건에게 공을 깔아주었다. 메건은 골문 앞 20미터 지점에서 논스톱 슈팅을 하였고 공은 완전히 골문을 벗어났다. 그 시점에서 나는 연습을 중단시켰고 다음과 같은 대화가 오고갔다.

저자: 메건과 안 지 얼마나 됐지?

재키: 3년이요.

저자: 그렇다면 메건이 잘 쓰는 발이 어느 쪽인지 알지?

재키: 왼쪽이요.

저자: 그런데 왜 오른발에다 패스했어?

재키: 제가 멍청해서요.

자, 재키는 절대로 바보가 아니다. 그렇지만 그의 패스는 진짜 바보 같았다. 메건은 내가 지금껏 보아온 최고의 왼발 공격수 중 한 명이다. 재키는 그것을 알고 있었지만 충분히 생각하지 않고 패스를 했기 때문에 팀에 도움이 되지 못한 것이다. 이런 행동은 대학 축구 수준에서는 용납할 수 없는 정신적 실수이다.

더 높은 수준의 경기를 하기 위해서는 자신을 더 높은 수준으로 끌어올려야 한다. 단순히 팀 동료에게 공을 패스하는 것만으로는 이제 충분치 않다. 팀 동료를 최고의 플레이를 펼칠 수 있는 위치에 있게 해주어야 하는데, 그것은 동료가 사용하기 편한 발, 잘 쓰는 발에 적절하게 공을 전달하는 것을 의미한다. 꼭 기억해야 할 정말로 간단한 방법은 당신이 받고 싶어 하는 그런 패스를 하라는 것이다. 공을 죽여서 플레이할 수 있다면 공을 튕겨서 패스하지 마라. 동료의 발에 공을 패스할 수 있다면 동료의 배를 겨냥하여 패스하지 마라. 그리고 동료가 왼발을 원한다면 오른발에 패스하지 마라.

이런 종류의 패스에 대해 한마디 더 조언을 하겠다. 패스가 당신의 발을 떠나 동료에게 도달할 때까지 그것은 당신의 책임이다. 공이 의도한 목표물에 도달하지 못한다면 아무도 그 목표물을 비난하지 않을 것이다. 그러므로 동료가 당신이 패스하기에 적절한 각도를 주지 않았다면 그가 그러한 각도에 있었다고 핑계대지 마라. 나는 선수들이 패스하기에 적절하지 않은 각도에 위치해 있는 동료에게 번번이 무리한 패스를 시도하다가 곧바로 상대편에게 볼의 소유권을 넘기는 경우를 너무 자주 본다.

동료가 위치해 있는 각도가 여의치 않다면 그에게 패스하지 마라.

꼭 그에게 패스를 해야 할 상황이라면 그의 현재 위치를 목표 지점으로 삼지 말고 그가 움직여야 하는 쪽으로 패스를 해야 한다. 공을 받을 만한 각도로 패스하고 그가 달려가서 공을 잡도록 그에게 맡겨야 한다. 팀 동료가 그런 식으로 공을 잡는 것이 훨씬 더 쉽다.

나는 성의 없는 패스 각도로 공을 주는 오른쪽 수비수 때문에 자주 짜증을 내는 중앙 수비수를 지도한 적이 있다. 그 오른쪽 수비수는 훈련 때 제아무리 여러 번 연습해도 막상 경기에 임해서는 그것을 망각한 채 공을 받을 만한 패스 각도를 열어 주지를 못했다. 그 선수는 항상 상대편 공격수에게 공을 빼앗길 가능성이 있는 위험천만한 패스를 요구했다.

마침내 우리 중앙 수비수는 어느 날 그 성의 없는 동료에게 더 이상 참을 수가 없었다. 그래서 후반전에 진영을 바꿨을 때 중앙 수비수는 일부러 오른쪽 수비수 뒤쪽으로 20미터 떨어진 곳에 공을 패스하여 그 수비수가 할 수 없이 달려가 공을 잡도록 했다. 이런 식으로 몇 번 경기를 하고 나니까 그 오른쪽 수비수는 왜 중앙 수비수가 자신에게 계속 나쁜 패스를 하는지 알고 싶어서 따져 물었다. 중앙 수비수는 "네가 공을 받기 좋은 각도로 위치를 잡기 시작하면 그때부터 좋은 패스를 해줄께"라고 쏘아붙였다. 백번 맞는 말이다.

코치들을 위한 한마디

조지아 대학교에서 우리는 선수들이 편한 발 쪽으로 패스하는 것을 익히도록 집요하게 괴롭혔다. 왜냐하면 이는 똑똑한 선수가 되기 위한 필수 덕목이기 때문이다. 볼 소유 게임에서 어느 선수가 사용하기 불편한 발에 공을 패스하면 우리는 그것을 지적한다. 가끔은 훈련 상황에서 사용하기 불편한 발에 패스하는 경우에 자동적으로 볼 소유권을 교체하는 규칙을 적용하기도 한다.

제 7 장

각도가 좁으면 패스를 띄워라

매우 좁은 각도로 패스해야 할 때가 있다. 이때 땅볼로 패스하면 수비수는 발끝을 쭉 내밀어 공의 방향을 바꿀 수 있다. 이런 상황에서는 지면에서 약 30센티미터 정도 띄워서 패스하는 것이 좋다. 공은 수비수가 내민 발끝 위를 넘어 목표 지점에 도달할 것이다. 높은 수준의 선수들이 이런 기술을 사용하는 모습을 흔히 볼 수 있다.

코치들을 위한 한마디

이런 패스에 대해 설명할 수 있는 좋은 기회는 3 대 1 볼 소유 훈련에서이다. 왜냐하면 이때 선수들은 자주 좁은 각도로 패스해야 하는 상황에 놓이기 때문이다.

제 8 장

세 발짝 규칙

팀이 공을 소유하고 있으면, 당신은 공을 가지고 있는 선수이거나 그러한 선수를 잠재적으로 도와줄 수 있는 10명의 선수들 중 하나이다. 그리고 흔히 이 두 역할 중 하나에서 다른 역할로 바뀌고 (또 마땅히 그래야 한다) 순식간에 다시 원래의 역할로 되돌아갈 수 있다.

공이 당신의 발을 떠나자마자 당신은 역할을 교대해야 한다. 즉시 패스하는 선수에서 패스를 받을 선수들 중 하나로 전환해야 한다. 그래서 똑똑한 선수들은 '세 발짝 규칙(three-step rule)'을 따른다.

당신이 패스하면 (상대편) 수비수는 보통 공을 쫓아가기 마련이다. 수비수가 공을 쫓아갈 때 공은 끈으로 수비수를 묶어 잡아당기듯이 지나간 자취를 따라 수비수를 이동시킬 것이다. 수비수가 공이 지나간 길을 따라 움직인다는 것은 수비수가 당신과 이제 막 공을 받게 될 당신의 동료 사이에 위치한다는 것을 의미하며, 이때 당신은 사각(死角) 공간에 놓인다. 고맙게도 쉬운 해결책이 있다. 일반적으로 사각 공간에서 빠져나오는 방법은 좌측이나 우측, 어느 쪽이든 '세 발짝'을 움직이는 것이다. 이렇게 신속히 세 발짝을 움직이면 다시 당신은 동료의 공을 받을 수 있는 패스 목표 중 하나가 된다.

우리는 세 발짝 규칙을 활용하는 볼 소유 게임을 한다. 공이 패스될 때마다 선수는 즉시 적어도 세 발짝을 움직여 패스를 받기에 좋은 각도를 확보해야 한다. 그렇게 하지 못하면 경기를 중단시키고 볼 소유권을 상대편에게 넘겨준다.

똑똑한 선수들, 공을 소유하고 싶어하는 선수들에게 있어 (최소) 세 발짝을 움직이는 것은 매우 귀중한 습관이다.

코치들을 위한 한마디

다음과 같은 볼 소유 연습을 해보자. 우리는 이를 '31'이라 부르며 내가 가장 좋아하는 연습이다. 왜냐하면 이 연습은 언제 한 번의 볼 터치로 경기하는 것이 좋은지, 언제 두 번 이상의 볼 터치로 경기하는 것이 좋은지 등 볼 소유의 여러 측면이 포함되어 있기 때문이다. 이 연습은 계속 추적하기가 어려운 측면이 있다. 따라서 조교나 부상으로 뛰지 못하는 선수가 있으면(3명이 적절) 그들의 도움을 받아서 심판 한 사람이 한 팀의 움직임을 추적하여 판정을 내리도록 한다.

4명씩으로 구성된 3개 팀을 만들고 가로 25~30미터, 세로 15~20미터의 사각형 공간을 사용한다. 공간의 크기는 필요에 따라 조정할 수 있다. 한 팀은 노랑, 다른 한 팀은 파랑, 나머지 한 팀은 빨강이다. 우선 빨강 및 파랑 팀이 공을 빼앗으려는 노랑 팀을 따돌리는 게임(keep-away)을 한다. 예를 들어 파랑 팀이 공을 빼앗기거나 경기장 밖으로 내보내면 빨강 및 노랑 팀이 즉시 파랑 팀을 따돌리는 게임을 한다. 볼 터치에 대한 제한은 없지만 두 공격 팀 중 어느 한 팀의 선수가 한 번의 볼 터치로 다른 어느 공격수에게 성공적으로 공을 패스하면, 두 공격 팀 모두 1점을 부여받는다. 즉 두 팀은 매번 점수를 기록할 때마다 그 점수를 인정받는다. 이 연습의 목표는 31점을 먼저 기록하는 팀이 되는 것이다.

제 9 장

횡 패스 대신
예각 패스를 유도하라

앞에서 우리는 패스를 받게 될 동료와 공감을 이루어서 그에게 좋은 각도를 제공함으로써 공을 편안하게 받도록 해주는 것에 대해 논하였다. 그림 9-1에서 타깃 포워드 T는 상대편 수비수의 압박을 받으며 골대를 등진 상태에서 이제 막 패스를 받으려 한다. 이때 지원하는 팀 동료들은 공을 받게 될 공격수가 되도록이면 편안하게 한 번의 볼 터치로 다시 패스하여 자신의 임무를 끝마칠 수 있도록 좋은 패스 각도를 선택해야 한다.

공이 타깃 선수에게 도달하기 전에 지원 선수가 그 공격수를 지나쳐 달려가는 일이 너무 자주 발생한다. 지원 선수가 타깃 선수를 지나갈 때 달려가는 지원 선수에게 패스하기란 결코 쉬운 일이 아니다

(거의 불가능하다). 상식적으로 볼 때 기적과 같은 요행수가 발생하지 않는 한 공이 마술을 부려 수비수의 몸을 뚫고 나갈 수 없는데도, 지원 선수들은 부리나케 상대 진영으로 파고들어 패스를 받기에 좋지 않은 자리를 잡는다.

마주보고 경기하는 것이 항상 가장 쉬운 방법이라는 점을 잊어서는 안 된다. 이는 팀 동료들에게도 적용된다. 좋은 패스 각도를 제공해 주고 싶다면 공을 소유한 선수를 지나쳐 달리면 안 된다. 공을 가진 타깃 선수가 당신과 마주보고 있는 상태에서 플레이할 기회를 주어야 한다. 그리고 단지 공을 가진 타깃 선수를 완전히 지나쳐 달려 들어가지 않았다고 해서 그 선수에게 패스하기 좋은 각도를 제공해 주었다고 생각해서는 안 된다. 타깃 선수에게 패스하기 편한 각도를 제공해 준다는 의도에서 그에게 횡 패스를 하게 했다면 그를 그다지 편하게 해주지 않은 것이다.

종종 보면 공이 타깃 포워드의 발에 도달했을 때 그를 지원하는 선수가 상대 진영으로 너무 많이 올라와 있어서 오직 횡 패스(한 치의 흠 없는 횡 패스)밖에 못하는 경우가 있다. 이는 타깃 선수를 지나쳐 뛰어 들어가는 것보다는 나으나, 그 차이는 미미하다. 타깃 선수가 뛰어 들어오는 선수를 마주보는 상태에서 경기할 수는 있지만 단지 간발의 차이로 그럴 수 있기 때문에, 그 타깃 선수에게는 아주 작은 실수도 용납되지 않는다. 즉 달려 들어가는 당신이 완벽하게 상대편의 제지를 받지 않은 상태를 유지하도록 완벽한 패스를 해야 하는데, 그 것은 누구에게도 요구하기가 벅찬 완벽한 플레이이다.

타깃 선수의 패스 타이밍이 1000분의 1초라도 어긋나면 당신은 그 의 패스를 놓치고 그를 지나쳐 달리게 된다. 일단 당신에게 패스된 공 을 놓치고 뛰어 들어가면, 몸을 멈추고 즉시 돌려도 그 공을 회수하 지 못한다. 그런 플레이는 이제 불가능해져 상대편에게 공을 내주고 만다. 게다가 설령 당신의 팀 동료가 정말로 완벽한 횡 패스를 한다 고 할지라도, 압박해 들어오는 상대편 수비수가 발끝을 뻗어 공이 당 신에게 도달하기 전에 공의 방향을 바꿀 기회를 가질 수도 있다.

여기서 간단한 해결책은 달리는 속도를 늦추어 공을 가진 선수에 게 더 큰 패스 각도를 제공하는 것이다. 타깃 포워드를 날아가듯 지 나쳐서 그에게 놀랄만한 플레이를 하라고 요청하는 대신, 속도를 늦 추고 달리기를 중단해 그 공격수가 당신을 마주본 상태에서 플레이 를 펼칠 수 있도록 그의 밑에 처져서 그를 지원하는 것이 좋다. 그에 게 횡 패스보다 더 패스하기 좋은 예각의 각도를 제공하라는 것이다. 이렇게 하면 그가 약간 실수한다고 해도 아무 문제가 발생하지 않을 여유 공간이 확보된다. 그를 편안하게 해주는 셈이다. '공감 능력,' 기억하는가?

당신이 밑에 처져서 정지하고 있다면 그가 패스를 옆으로 내줄 때 특별히 완벽하게까지 할 필요가 없다. 그것은 그냥 평범한 플레이로

도 가능하다. 그는 단지 당신 앞쪽 어딘가에 공을 밀어주면 된다. 당신은 언제든지 앞쪽으로 달려가 그의 패스를 받으면 된다. 그리고 당신은 타깃 선수 밑에 멈춰 있기 때문에, 그가 등 뒤에 있는 수비수를 방어하면서 당신이 공을 소유하는 시간을 몇 초 더 벌게 해줄 수도 있다.

이와 같은 상황에서 지원하는 팀 동료가 저지르는 또 하나의 일반적인 실수는 최초의 전진 패스가 타깃 선수의 몸에서 어느 쪽에 도달할지를 읽어내지 못하는 것이다. 당신이 타깃 선수와 넓은 각도로 벌어져 있는 상태에서 최초의 전진 패스가 그 공격수의 안쪽 발로 진행되고 있다면, 각도를 좁혀서 운동장의 안쪽으로 파고들어가야 한다. 타깃 선수에게 이어지는 패스를 보면서 그 선수의 몸동작이 보내는 신호, 즉 보디랭귀지를 읽어낼 수 있어야 한다. 그의 몸에서 어느 한쪽에 패스된 공을 그가 잡아서 한 번의 볼 터치로 몸의 반대쪽으로 옮기도록 요구하지 말아야 한다.

지원하는 선수로서 당신이 해야 할 일은 동료를 가급적 편하게 해주는 것이라는 점을 기억해야 한다. 이때 당신에게 필요한 것은 타깃 선수의 입장이 되어서 "만일 내가 타깃 포워드라면, 나는 나를 지원하는 동료가 어디에 있기를 바랄까?"라고 묻는 것이다. 그런 다음 재빨리 그곳으로 가면 된다.

코치들을 위한 한마디

이는 쉽게 고칠 수 있는 문제인데도 점검하지 않고 방치하다가 나중에 골치 아프게 될 수 있는 그런 종류의 문제이다. 나는 몇 년 전부터 "횡 패스 대신 예각으로"란 표현을 사용하기 시작하였는데, 선수들이 기억할 만한 가치가 있는 것으로 받아들이고 있음을 알았다.

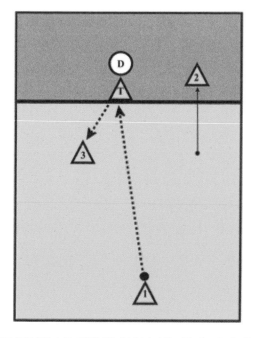

그림 9-1. 타깃 포워드 밑의 옅은 녹색 지역은 (횡 패스보다 나은) 예각 패스가 가능한 공간을 나타낸다. 타깃 선수가 등 뒤로 상대편 수비수의 압박을 받고 있는 상태에서 공을 받을 때, 공격수 2는 타깃 선수를 지나쳐 뛰어 들어감으로써 유효한 패스 각도를 벗어났고 공격수 3은 타깃 선수 밑의 패스 받기 좋은 지점에서 지원하고 있다. 그는 타깃 선수가 자신을 마주보며 플레이할 수 있도록 해주고 설령 실수를 해도 괜찮을 여유 공간을 제공함으로써 타깃 선수의 임무를 편하게 해준다.

제 10 장

세 가지 필수 질문

만일 그러면 어쩌지?(What if?) 그 다음은 뭐지?(What's next?) 내 뒤에 뭐가 있지?(What's behind me?) 이 세 가지 질문은 당신의 축구 인생을 바꿔 놓을 것이다.

축구 캠프에서 지도할 때면 언제나 나는 선수들에게 축구 선수에게 가장 중요한 신체 부분이 어디인지 물어본다. 예상대로 가장 흔한 대답은 "발이요!"이다. 아마 당신의 대답도 마찬가지였을 것이다. 그런데 선수들의 답은 틀렸다.

축구 선수에게 가장 중요한 신체 부위는 눈이다. 눈은 바로 당신이 정보를 수집하는 최선의 수단이다. 눈은 당신의 카메라이다. 카메라는 사진을 찍기 위해 사용하는 도구이다. 눈은 당신이 팀을 위해 재빨리 플레이를 할지, 아니면 공을 계속 가지고 있을지에 관한 결정을 내리도록 당신을 사전에 준비시킨다. 그런데 너무 많은 선수가 눈을 그다지 잘 활용하지 못한다.

90분간의 축구 경기에서 당신은 아마 2분에서 3분 동안 공을 소유하며 시간을 보낼 것이다. 이는 87분, 즉 경기의 약 96%를 공을 가지지 않은 채 보낸다는 의미이다. 똑똑한 선수들은 공을 소유하고 있지 않을 때 공이 자신에게 올 순간에 대비해 계획을 세워야 한다는 점을 알고 있다. 그런 계획을 세우는 가장 손쉽고 효과적인 방법은 눈을 사용하는 것이다. 눈앞에 있는 것을 본다는 얘기가 아니다. 그건 쉬운 일이다. 그건 절대로 놓칠 리가 없다. 내 말은 당신의 뒤편에서 일어나는 일을 알아야 한다는 것이다. 왜냐하면 당신 뒤편에는 위험이 도사리고 있기도 하고 거기에서 기회가 손짓하기도 하기 때문이다.

똑똑한 선수들은 계속해서 "만일 그러면 어쩌지?" 그리고 "그 다음은 뭐지?"라고 자문한다.

만일 공이 나에게로 오면 어쩌지?

공을 잡으면 그 다음은 뭐지?

공을 상대편에게 빼앗기면 어쩌지? 그 다음은 뭐지?

공을 다시 찾아오면 어쩌지? 그 다음은 뭐지?

그리고 그는 항상 "내 뒤에는 뭐가 있지?"라고 묻는다.

평범한 축구 선수들은 공을 받은 후에 결정을 내린다. 이는 바람직하지 않다. 우선, 그러면 한 번의 볼 터치로 경기하는 것이 불가능하다. 둘째, 상대편의 태클을 유도하게 된다. 셋째, 느린 경기 운영으로 당신의 공격이 무력화된다.

똑똑한 선수들은 항상 공이 오기 전에 이미 결정의 90%를 내린다. 설령 그 결정이 상대편 수비수를 마주하고 공을 드리블해 나아가는 것이라 할지라도, 똑똑한 선수들은 공이 도달하기 전에 이미 그것이 자신이 할 일이라는 점을 안다.

사실 축구는 흐름을 타는 경기여서 당신이 이미 내린 결정은 즉석에서 바뀔 수 있고 그런 변경은 좋고 필요한 것이다. 그러나 똑똑한 선수는 공이 자신에게 오기 전에 적어도 제1안을 염두에 두고 있다. 상황이 바뀌면 그는 항상 제2안을 실행할 수 있다. 하지만 똑똑한 선수는 공을 받기 전에 적어도 한 가지 대안을 알고 있다. 그리고 종종 그런 대안은 그의 뒤편에 있다.

당신은 뒤편에 무엇이 있는지 알아야 한다. 수비수로서 당신은 약삭빠른 상대편 공격수가 당신 뒤로 슬그머니 들어가는 것을 용납해서는 안 된다. 공을 소유한 선수로서 당신은 최선의 대안이 무엇인지 알아야 하고 보이지 않는 곳에 도사리고 있다가 갑자기 태클을 걸어 부상을 입히기도 하는 상대편을 파악해야 한다. 똑똑한 선수들은 계속해서 사진을 찍는다. 그들은 사방의 모든 것에 주의를 기울이고 지속적으로 자신의 대안과 상대편의 대안을 평가한다. 코치들은 자주 "어깨 너머를 확인해!(Check your shoulder!)"라고 소리친다.

당신이 위에서 설명한 것들을 이미 일정한 수준으로 수행하고 있다면, 질문을 하나 해보자: 경기 중 팀 동료에게 마지막으로 더미 패스 (더미 패스는 영어로 dummy 또는 dummy pass이며 dummy는 단독으로 동사, 명사, 형용사로 다 쓰이고 단어의 형태는 항상 동일하다)를 한 것이 언제였는가? 상대를 속이려고 패스하는 척하는 것은 단지 흥미를 자아내기 위한 것은 아니다. 그것은 상당히 효과가 높은 무기일 수 있다. 그러나 그런 플레이는 심지어 대학 간의 경기에서도 거의 보지 못한다. 왜냐하면 아주 극소수의 선수들만이 자신의 뒤에서 어떤 일이 벌어지는지를 예리하게 알고 있기 때문이다. 대학 축구를 지도한 지 20년이 되었음에도 불구하고 나는 상대를 속이려고 패스하는 척하는 것을 열 번 정도라도 보았을까 의심이 간다.

"만일 그러면 어쩌지?"라는 질문이 습관이 될 때 자연스레 사방의 모든 것에 주의를 기울이게 되고 당신의 경기력은 엄청나게 향상될 것이다. 당신이 주위 및 뒤에서 어떤 일이 벌어지는지를 알 때 그리고 공을 소유하기 전에 이미 계획을 세워놓을 때 축구는 놀라울 정도로 쉬워진다.

코치들을 위한 한마디

빠른 경기를 우선시하는 연습(볼 소유 게임에서부터 경기장 전체를 사용하는 연습에 이르기까지 모든 연습)을 실시할 때 나는 항상 "다음은 뭐야? 만일 공이 너한테 오면 어쩔 거야?"를 외친다. 나는 이 말을 끊임없이 외치는데, 내 선수들에게 그런 생각을 머릿속에 내재화시키고자 하기 때문이다. 나는 그것이 우리 팀에게 더 많은 위기 상황에 대처하는 능력을 키워주고 경기 운영의 속도를 증가시킨다고 생각한다.

이 개념을 터득하는 데 애를 먹는 선수가 있다면 서두르지 말고 차근차근 연습하면서 이해하도록 하는 것이 좋다. 그가 사방에 면밀히 주의를 기울이도록 연습 전에 그날의 연습 목표를 정하게 한다. 그가 축구가 얼마나 쉬워지는지를 깨달을 때 어깨 너머에 대한 확인은 습관이 될 것이다.

제 11 장

폭탄 배달 패스

폭탄 배달 패스(Unabomber pass, 유너바머(Unabomber)는 미국인 테드 카진스키의 별명으로 1978년부터 1995년까지 폭발물이 든 소포를 십여 차례 발송하여 3명을 죽게 하고 23명에게 부상을 입힌 사건을 일으켰다)란 패스된 공을 받았을 때 공을 자기 소유로 만들 확률이 40%밖에 안 되기 때문에 누구도 받기를 꺼려하는 패스이다. 이는 우리 팀 동료의 발에 폭탄을 배달하는 것과 동일한 행위이다.

그러한 패스는 일반적으로 공을 소유한 선수가 약간의 시간적·공간적 여유가 있을 때 시작된다. 그는 제1안으로 주위의 동료에게 패스하는 것을 고려한다. 제1안을 따르면, 가장 가까이에 있는 상대편도 18~20미터 정도 떨어져 있어서 패스가 빨리 이루어지면 모든 일이 순조롭게 진행된다. 왜냐하면 제1안의 동료는 공을 패스 받고도 어느 정도 시간적인 여유가 있어 생산적인 플레이를 할 기회가 있기 때문이다. 물론 그것은 무지무지 쉬운 일이다.

그런데 제1안이 지극히 논리적인 대안임에도 불구하고, 공을 소유한 선수는 충분한 시간적 여유를 가지고 있다고 생각하여 (그리고 다른 팀 동료들도 그럴 것이라고 추정하여) 어디로 패스할지 머뭇거리고 다른 대안을 고려하기 시작한다. 그는 제2안을 고민하다가 금방 포기한다. 그런 다음 다시 제3안을 고려하다가 그것도 유효하지 않음을 깨닫는다. 제2안과 제3안이 모두 현명한 결정이 아니라고 결론을 내린 후에 상대편의 압박에 직면하게 된 그는 마침내 제1안의 동료에게 패스를 하기로 결정한다.

문제는 공을 소유한 선수가 자신의 대안을 결정하는 데 걸린 그 몇 초간에 처음에는 우리 동료로부터 20미터쯤 떨어져 있던 상대편이 이제는 겨우 5미터 거리에 있고 마치 화물 열차처럼 제1안의 동료를 향해서 돌진해 들어온다는 것이다. 공이 마침내 제1안 동료의 발에 도달했을 때 그는 벼락같은 태클 세례를 받는다. 즉 제1안의 동료는 폭파를 당하게 된다. 따라서 그런 패스는 폭탄 배달 패스이다.

요약하자면, 공을 소유한 선수가 판단을 잘하여 패스할 공간이 열려 있는 팀 동료에게 즉시 패스를 했더라면 그의 팀은 계속 공을 소유했을 것이고 패스를 받은 팀 동료는 경기장 바닥에 뒹굴면서 이빨

사이에 끼인 풀을 뽑을 필요도 없었을 것이다. 그런데 그와는 정반대로 공을 소유한 선수의 느린 플레이로 인해 상대편이 공간을 좁혀 패스를 받은 팀 동료가 매우 난감한 입장에 빠졌다. 코치들은 항상 "경기를 쉽게 풀어가라"고 말한다. 이는 당신이 문제를 복잡하게 하는 경우에 딱 맞는 예이다.

미국 여자 대학 1부 리그 수준의 선수들은 운동장 전체 길이인 120야드(108미터)를 뛰는 데 평균 16초가 걸린다. 좀 단순한 계산을 하면 동일한 선수가 60야드를 8초에, 30야드를 4초에 뛴다고 가정할 수 있다. 요컨대 상대편이 10~20미터를 달려와 막는 데는 결코 오랜 시간이 걸리지 않기 때문에 동료가 패스를 받을 만한 위치에 있다면 제발 그에게 패스하라! 그가 공을 달라고 하면 그에게 공을 주면 되는 것이다! 2초간의 여유가 있다고 해서 공을 어떻게 처리할까 고민하는 것은 당신의 팀에 아무런 보탬이 되지 않는다.

나는 이런 현상이 나타나는 것을 볼 때마다 공을 소유한 선수에게 그렇게 공을 계속 소유함으로써 우리 팀에 어떤 이익을 가져왔다고 생각하느냐고 묻고 싶다. 여분의 2초를 기다리는 것이 도대체 우리에게 어떤 이익을 가져다주는가? 어차피 공을 패스할 거라면 동료가 공을 받아 생산적인 플레이를 펼칠 수 있는 위치에 있을 때 빨리 패스하는 것이 좋지 않겠는가? 왜 그렇게 시간을 질질 끌다가 동료를 사지로 몰아넣는가?

나는 심지어 위와 같은 상황에서 공을 소유한 선수가 상대편으로부터 압박을 받으면서 한때 안전지대였던 20미터 중 15미터를 드리블하고 나서 5미터를 남겨 놓고서야 패스하는 경우를 몇 번 본 적이 있다. 이제 공을 패스 받은 팀 동료는 원래 공을 소유한 선수를 쫓아다녔던 동일한 상대편으로부터 즉각적인 압박을 받는다. 5미터 패스를 두고 원래 공을 소유한 선수는 기본적으로 이렇게 말하는 것이나 다름없다. "나는 이 선수가 내게 태클하기를 원치 않아. 그래서 공을 네게 패스해 그 선수가 너를 태클하도록 한 거야."

똑똑한 선수들은 공이 자기 팀에게 가장 유익하도록 플레이한다. 그들은 여분의 1~2초 동안 공을 계속 소유하는 이기적인 경기 운영을 하지 않으며, 패스가 팀 동료를 가능한 한 최적의 위치에 놓이게 하여 그가 성공적인 플레이를 펼치도록 해야 한다는 점을 알고 있다. 이는 빠르고 단순한 경기 운영을 의미하지, 팀 동료가 폭탄 배달 패스의 중압감에 파묻히게 하는 것을 의미하지 않는다.

코치들을 위한 한마디

 이는 당신이 코치로서 영원히 싸우게 될 전투이다. 제1장에서 논의한 바와 같이, 종종 선수들이 느리게 경기를 운영하는 이유는 그들이 공을 터치할 때마다 경기에 영향을 미치기를 필사적으로 원하기 때문이다. 그런 생각은 느린 결정으로 이어지기 마련이다. 그리고 느린 결정은 느린 플레이를 초래한다. 나는 선수들이 공을 터치할 때마다 우리 팀을 승리로 이끌 결정적인 플레이를 할 필요가 없다는 점을 가르치려고 많은 노력을 기울인다. 공을 소유하고, 공을 빠르게 패스하며, 상대편이 쫓아다니게끔 하는 것에는 나름대로의 가치가 있다. 선수들은 이따금씩 그저 팀을 위해 공을 계속 점유하고 있는 것만으로도 족하다는 점을 이해할 필요가 있다.

제 12 장

선제적인 행동을 취하라

똑똑한 공격수들은 유소년 수준에서 발견하기가 아주 쉬운데, 그 이유는 그들이 매우 눈에 잘 띄기 때문이다.

똑똑한 공격수와 그렇지 않은 일반 공격수간의 근본적인 차이를 알고 싶은가? 일반 공격수는 공이 오기 전에 공이 어느 방향으로 패스되는지를 볼 때까지 경기장을 이리저리 맴돈 다음 반응하여 공을 쫓아가려 한다. 대부분의 공격수들은 반응적인(reactive) 행동을 보이는 것이다.

똑똑한 공격수는 선제적인(proactive) 행동을 보여 공이 전달되기를 바라는 곳으로 뛰어간다. 그는 자신의 발 앞에 공이 오기를 원하기도 하고, 수비의 뒤 공간에 공이 떨어지기를 원하기도 하고, 경기장 중앙의 넓은 공간이나 그 위쪽으로 공이 오기를 원하기도 한다. 그러나 그가 어느 곳으로 공이 오기를 바라든지 간에, 그는 뛰어가는 동작으로 공을 가진 팀 동료에게 자신의 의사를 전달한다.

당신의 팀 동료들은 훌륭하고 재능이 있을지 모르지만 심령술사는 아니다. 그들은 당신의 마음을 읽을 수 없다. 당신이 달리기를 통해서 그들에게 공을 패스할 곳을 알려주지 않으면 그들은 결코 알지 못할 것이다. 달리기를 통해서 선제적인 행동을 취해야 한다. 이런 선제적인 움직임은 팀 동료에게 어느 지역으로 플레이를 전개해야 하는지 알려준다. 공이 당신을 찾을 수 있도록 플레이를 해야지 당신이 공을 쫓아다녀서는 안 된다.

이와 같이 똑똑한 공격수들은 선제적인 행동을 취해서 팀 동료들에게 자신이 어디에서 그리고 언제 공을 받기를 원하는지 알려준다.

코치들을 위한 한마디

일부 선수들은 경기에 대한 천부적인 감각을 가지고 있어서 어디로 달려가야 할지를 아는 것처럼 보인다. 그러나 대부분의 선수들은 그렇지 않다. 이 때문에 대부분의 공격수들은 선제적인 행동이 아니라 반응적인 행동을 보인다. 어떤 선수가 천부적으로 선제적인 행동을 취하지 못한다면, 아마도 그가 어디로 뛰어야 할지를 몰라서 결국 그 자리에 발이 묶이기 때문일 것이다. 이런 경우에는 두 부분으로 이루어진 해결책을 사용해야 할 것이다. 첫 번째 조치는 그가 적기적소로 달려가지 못한다고 할지라도 그냥 어디론가 달려가도록 하는 것이다. 일단 그가 선제적으로 달리는 습관이 들면, 어디로 달려가야 할지를 알아내기 시작할 것이다. 비디오는 이러한 개념의 좋은 예들과 나쁜 예들을 보여주는 훌륭한 도구이다. 제16장에서 내가 가장 좋아하는 훈련 방법 중 하나인 엔드존 게임(Endzone Game)을 소개할 텐데, 이는 공이 오기 전에 달리기를 통해 현명하고도 선제적인 행동을 취하도록 돕는 데 매우 효과적인 게임이다.

제 13 장

이길 수 없는 경주

자, 이제 당신이 공격수라고 하자. 동료 중앙 미드필더가 드리블하며 상대 진영으로 치고 올라간다. 수비 라인은 후퇴하고 모든 것이 정신 차릴 수 없을 정도로 빨리 진행되는 가운데, 당신은 어느 지역에서 공을 받고 싶어 하는지 결정해야 하고 그 결정을 공을 소유한 동료에게 전달해야 한다.

수비 라인이 후퇴하면서 당신을 무력화할 책임이 있는 수비수가 당신과 6미터의 간격을 유지하면서 자기 골문을 향해 후퇴하고 있다.

내가 왜 이 장을 쓰고 있는지 이유를 아는가?

그 이유는 너무 자주 당신이 그 수비수 뒤 공간으로 공이 패스되기를 원하기 때문이다.

자, 당신의 발이 아무리 빠르다고 해도 현실을 직시하자. 당신은 패트리어트 미사일을 타고 가는 것이 아니다. 수비수 뒤 공간을 파고들어서 골키퍼와 일대일 상황이 되기를 아무리 간절히 바란다고 해도 상대편 수비수가 보다 일찍 움직일 확률이 훨씬 더 크다. 즉 '당신은 그 경주에서 이길 수 없다!'

그래서 당신이 똑똑한 선수라면 제2안을 선택한다. 즉 달리던 동작을 멈추고 경우에 따라서는 한두 발짝 뒤로 물러선 다음, 당신이 실제로 공을 받을 기회가 생기는 곳에서 공이 당신의 발에 패스되기를 요청한다. 이것이 더 이치에 맞지 않는가?

도저히 이길 수 없는 달리기 시합을 해봤자 소용없다. 상황을 평가하고 상식을 발휘하라. 수비 뒤 공간으로 침투해 들어갈 수 있다면 물론 그것이 더할 나위 없는 기회이니 당연히 시도해 보아야 한다! 그러나 희망은 희망사항일 뿐이다. 그것이 좋은 방법이 아니라면 그만 미련을 버려라. 상황에 맞게 계획을 변경시키는 것을 두려워해서는 안 된다.

당신이 수비 뒤 공간으로 패스를 요청하는 선수이든 혹은 패스 방향을 결정하는 팀 동료이든, 당신의 결정에 감안해야 하는 두 가지 고려사항이 있다. 첫째는 공을 받기를 원하는 선수의 실제 달리기 속도이다. 그 선수의 달리기 속도가 평균 수준이라면 아마 그 선수는 상대편 수비수와의 달리기 경주를 자청할 만한 최고의 후보는 아니다.

그리고 둘째는 상대편 수비 라인 뒤에 남아 있는 공간이다. 설령 공격수가 자신을 막고 있는 수비수와의 경주에서 이긴다고 해도, 반대편에서 공격 공간을 좁히기 위해 으레 자기 보호구역으로부터 돌진해 나오는 골키퍼가 또한 문제이다.

상대편 수비 사이를 가르는 스루 패스로 공격을 시도하기 전에, 당신 팀에게 결정적인 찬스를 만들어낼 실현성이 높은 기회를 주기에 충분한 공간이 상대편 수비 뒤편에 남아 있는지 확인해야 한다. 이런 확인은 특히 경기장의 중앙 지역에서 그러한 패스를 해야 한다면 필수이다. 왜냐하면 거기서는 골키퍼의 존재가 보다 두드러지기 때문이다.

코치들을 위한 한마디

설령 이길 수 없는 경주를 시작한 것이 공격수라 할지라도 그 공격수에게 패스한 미드필더도 당신의 두통거리이다. 미드필더는 그런 상황이 소용없음을 인식하고 다른 대안을 찾아야 한다. 비디오는 이러한 순간들을 해부하는 데 대단히 효과적인 도구이다.

제 14 장

두 가지 달리기

이따금씩 당신은 공이 뒤편으로 오기를 원한다. 때로는 공이 발 앞으로 오기를 원한다. 또 어떨 때는 공이 왼발 혹은 오른발에 오기를 원한다. 공이 어느 곳으로 패스되기를 원하든 상관없이, 공을 가진 동료가 당신이 패스 받기를 원하는 곳을 아는 것이 매우 중요하다.

이는 조지아 대학교에서 열렸던 2010년 시즌 경기 초반 우리 팀의 주요 난제였다. 공격수들이 공을 패스 받기를 원하는 곳에 대한 의사소통이 미숙하여 우리 미드피더들의 패스가 자주 상대편에게 가로채이거나 미드필더들이 심한 태클을 받았다. 우리 공격수들은 공이 발 앞으로 오기를 원했을 경우에 상대편 수비로부터 후퇴하여야 했고 공이 뒤편으로 오기를 원했을 경우에는 서둘러야 했다.

내가 지금까지 들어온 축구에 관한 최고의 조언 중 하나는 이것이다: 두 가지 목적의 달리기가 있다. 하나는 수비수를 위한 것이고 다른 하나는 나를 위한 것이다. 이는 공이 어느 곳으로 오기를 원하는지 일단 결정하고 나서 처음 두세 발짝을 원하는 곳의 반대 방향으로 움직이라는 의미이다. 공이 발 앞으로 오기를 원하는가? 그러면 볼을 가진 동료로부터 멀어지는 방향으로 몇 발짝 움직여라. 공이 상대편 수비 뒤편으로 오기를 원하는가? 그러면 먼저 공이 있는 쪽으로 가는 척하다가 재빨리 몸을 돌려서 목표 지점으로 가라. 상대방을 유인하기 위해 그렇게 처음 몇 발짝을 내딛게 되면 당신은 원하는 공간을 얻게 된다.

수비수가 당신의 공격에 대비하여 큰 여유가 있는 완충 공간을 만들고 있는 경우에도 그 수비수의 뒤 공간으로 침투해 들어가는 것을 걱정할 필요가 없다. 이런 상황을 잘 활용하면 나중에 그 수비수를 무너뜨릴 기회가 온다. 즉 공간을 넓게 두고 있는 수비수를 향해 두세 발짝 전력 질주하여 그가 꽁무니를 빼게 한 후에 그가 후퇴하는 것을 보고 재빨리 멈춰 선 다음, 다시 공이 있는 쪽을 보고 발 앞으로 공을 달라고 하면 된다. 이런 동작을 충분하리만큼 여러 번 반복하면 수비수는 당신에게 아까와 같은 완충 공간을 내주는 일을 중단할 것이다. 수비수가 극단적으로 앞쪽으로 나와 당신의 자리를 넘보기 시작하면, 이때 수비수 뒤편으로 패스해 달라고 요청하면 쉽게 수비수를 벗어날 수 있다.

일단 공이 패스되기를 원하는 곳을 결정하였으면, 공을 가진 동료에게 당신의 의사를 명확히 전달한다. 그에게 "발로!"라고 말하고 패스 받기를 원하는 발을 가리킨다. 아니면 공을 받기를 원하는 상대편 뒤쪽 공간을 가리킨다. 그러나 가능한 한 분명히 팀 동료에게 당신이 패스 받기를 원하는 곳을 알려줌으로써 그의 패스 결정에 추호의 의문도 없게 해야 한다.

코치들을 위한 한마디

나는 상대편을 유인하는 달리기가 선수들에게 가르치는 내용 중 가장 어려운 부분이라고 생각한다. 대부분의 선수들은 추가로 달리는 것이 유익하다는 사실을 이해하지 못하거나, 그런 달리기의 타이밍을 잘못 맞추거나, 혹은 그저 지겹도록 게을러서 실행할 수 없다. 게임 상황에서 선수들 중 절반만이라도 상대편을 유인하는 달리기를 습관적으로 시작하도록 할 수 있다면, 당신은 스스로 만족해도 좋다.

제 15 장

공을 가진 선수에게
당신이 필요한가?

공이 오기에 앞서 당신이 얼마만큼 달릴 것인지는 공을 소유한 선수에게 가해지는 압박에 달려 있다. 제3장 '불가능한 패스'에서 배웠듯이 공을 가진 선수가 도저히 당신에게 패스할 수 없다면, 제아무리 넓게 공간이 열려 있더라도 그건 중요하지 않다.

당신 팀의 미드필더가 공을 받고 몸을 돌려 상대편 수비와 대치할 때 당신은 상황을 아주 신속하게 평가해야 한다. 상황이 2~3초 안에 바뀔 수 있고 또 실제로 바뀔 것이라는 점을 염두에 두면서 당신이 자문해보아야 할 질문은 아주 간단하다: '공을 가진 선수가 나를 필요로 하는가?'

이 질문에 대한 대답은 공을 소유한 선수에게 가해지는 압박의 정도에 달려 있다. 그가 압박을 받고 있지 않다면, 고개를 들고 몸의 균형을 잡은 다음 길게 패스할 기회를 가질 것이다. 반면 압박을 받고 있다면, 그는 편안하게 몸의 균형을 잡고 경기장을 멀리 볼 수 없어 짧은 패스를 해야 할 것이다.

공을 가진 선수가 즉각적인 압박을 받고 있지 않고 상대편 수비가 당신에게 그리 넓은 완충 공간을 내주고 있지 않다면, 첫 번째로 살펴봐야 할 것은 수비 뒤편의 공간으로 공을 받을 수 있는지 확인하는 것이어야 한다. 공을 소유한 선수가 막 상대편의 압박을 받을 처지에 놓여 있다면, 그는 아마 당신이 되돌아와서 발 앞으로 공을 패스하라고 요청하기를 바랄 것이다.

미국 NFL(프로 미식축구) 경기를 본 적이 있으면 기민하게 움직이는 쿼터백에 대해 해설자가 얘기하는 것을 들어보았을 것이다. 경기장을 따라 공을 멀리 던지기 위해 쿼터백은 정지한 상태에서 몸의 균형을 잡을 수 있어야 한다. 쿼터백이 상대편 수비에 의해 공을 편하게 던질 수 있는 안전 지역에서 밖으로 추격을 당하게 되면 그는 정지할 기회를 잃고, 따라서 공을 받을 선수가 발걸음을 돌려서 자기 쪽으로 되돌아오길 기대한다. 축구의 경우도 동일하다. 공을 가진 선수가 도움을 필요로 할 때에는 그에게 되돌아가서 그를 편하게 해주어야 한다.

코치들을 위한 한마디

공격수들이 이를 이해하고 경기 중에 적용할 수 있으면 훨씬 더 많은 득점을 기록할 것이다. 이는 비디오가 아주 유용하게 쓰일 수 있는 또 하나의 주제이다.

제 16 장

스루 패스

수비수는 마치 철로 위를 달리는 기차처럼 경기장을 직선으로 오가며 달리는 공격수를 무척 좋아한다. 그런 공격수는 예측이 가능하기 때문이다. 그들은 수비수에게 어려운 선택을 하도록 하지 않기 때문에 수비수의 일이 아주 수월해진다. 반면 계속 움직이면서 위치를 바꿔가며 수비 지역을 가로질러 뛰어다니는 공격수라면 수비수는 어쩔 수 없이 온갖 종류의 결정을 내릴 수밖에 없다. 뿐만 아니라 그런 공격수라면 수비수는 도리 없이 의사소통을 할 수밖에 없다. 수비수에게 결정을 내리고 의사소통을 하도록 강요하는 일이 많아질수록 수비수들의 수비망은 허물어질 가능성이 높아진다.

축구에서 가장 위협적인 패스는 짝을 이루는 수비수 사이를 관통

하는 스루 패스인데, 종종 재봉선 패스(seam ball, 영어 seam은 바느질 자국, 즉 재봉선을 의미하며, 이는 수비수가 횡으로 형성하는 가상적인 수비 라인이다. 재봉선 패스는 결국 이 재봉선을 무력화하는 패스이다) 혹은 '쪼개기(split)'라고 부른다. 이 때문에 똑똑한 수비수들은 무슨 수를 써서라도 이런 패스를 막아내기 위한 준비를 갖추고 있다. 그렇다고 그런 패스가 절대 불가능하다는 말은 아니다. 그런 기회가 주어지면 적극 활용해야 한다.

똑똑한 선수들은 수비가 언제 일자(一字) 상태가 되는지 그리고 수비의 틈새를 관통하는 공을 패스할 수 있는 공간이 언제 생기는지 알아챈다. 그래서 그런 순간이 손짓할 때 그들은 수비 지역을 가로지르는 날카로운 대각선 방향의 달리기를 한다. 이때 바람직한 시나리오는 공격수가 하나의 틈을 통해 달리고 공이 또 하나의 틈을 통해 들어가 결국 공격수와 공이 수비 뒤편에서 약속이나 한 듯 만나는 것이다.

이는 대체로 축구에서 가장 힘든 패스로서 그 효과를 높이 평가할 만한 이유가 있다. 이런 패스에는 의사소통, 적절한 타이밍과 패스하는 선수에게 기술적인 정확도가 요구된다. 공을 받기 위해 달리는 선수는 동료가 공을 차는 순간 오프사이드 위치에 있지 않고 전력 질주로 수비 라인에 도달하도록 달리기의 타이밍을 조절해야 한다. 이 모든 것이 잘 어우러질 때 선수는 골을 넣을 수 있는 아주 위협적인

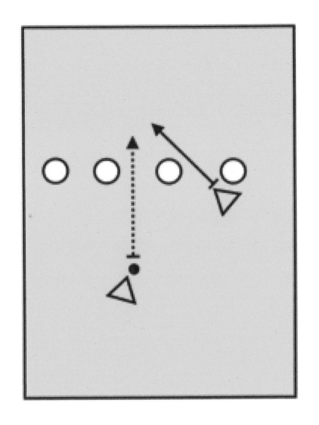

그림 16-1. 수비수 사이의 공간을 침투하는 스루 패스. 수비 라인이 일자 형태를 띤 상태에서 공을 가진 선수가 2명의 중앙 수비수 사이를 가르는 스루 패스를 한다. 공격수는 공이 오기 전에 또 다른 수비수 사이의 공간을 뚫고 들어가 수비 라인 뒤편에서 공을 받는다. 이는 골을 기록할 기회를 만들 수 있는 매우 효과적인 패스이나, 패스하는 선수가 반드시 공이 수비 라인을 넘어가도록 해야 한다.

기회를 맞이하게 된다.

조지아 대학교 팀은 수비수들을 위한 지침서를 비치하고 있다. 수비수 사이를 가르는 스루 패스는 너무 위험해서 지침서의 첫 페이지에는 "우리는 수비수 사이의 공간을 내주지 않는다. 결단코. 절대로"라는 계명이 있다. 이런 글은 우리가 수비 공간에 대한 스루 패스가 가져올 위험을 얼마나 중요시하는지 보여준다. 그건 우리가 절대로 양보하지 못할 패스이다.

똑똑한 선수들은 대각선 달리기와 수비수 사이를 가르는 스루 패스의 위력을 알고 있다.

코치들을 위한 한마디

공을 가진 선수가 이 좋은 기회를 망치는 가장 흔한 실수 중 하나는 공격수가 침투해 들어가는 바로 그 공간으로 공을 우겨 넣으려는 것이다. 대개 그런 공간은 너무 비좁아 공격수와 공이 모두 통과할 수 없다. 경험에 의하면 달려 들어가는 공격수 및 공이 통과할 수비수 사이의 공간이 서로 다른 것이 바람직하다. 패스하는 선수는 공격수의 현 위치가 아니라 공격수가 달려 들어가는 쪽으로 공을 차야 한다. 수비수 사이를 가르는 스루 패스를 연습시키기 위해 내가 가장 좋아하는 효과적인 훈련 방법은 엔드존 게임(Endzone Game)이다.

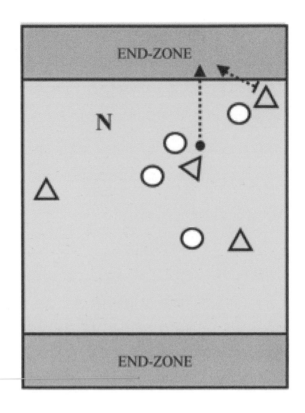

그림 16-2. 엔드존 게임. 각각 4명씩으로 구성되는 두 팀과 어느 팀에도 속하지 않는 1명의 선수로 이루어진 게임이다. 경기장은 가로 27∼30미터, 세로 36∼40미터이고 경기장 양쪽 끝에는 7∼8미터의 엔드존이 있다. 골을 넣기 위해서는 선수가 엔드존에서 패스를 받아야 하지만 공은 선수가 공을 받기 전에 엔드존 안에 들어가 있어야 한다. 양 팀의 그 누구도 공보다 먼저 엔드존에 들어가면 안 된다. 수비수들은 골을 허용하지 않기 위해 공을 쫓아 엔드존 안으로 들어갈 수 있다. 오프사이드는 없다. 경기장의 크기와 선수의 수는 상황에 따라 변경할 수 있다.

제 17 장

상대 수비 뒤로 공 차기

상대편 수비 뒤 공간으로 공을 차야 할 두 가지 경우가 있다: 상대편
에 위협적인 공격을 시도할 때와 기타 대안이 없을 때이다. 어느 경우
든 이런 시도는 한 가지 단순한 이유 때문에 대부분 실패로 끝난다.
그 이유란 공이 실제로 수비를 지나가지 못한다는 것이다.

수비 라인은 마치 띄엄띄엄 말뚝을 박아 놓은 울타리와 같다. 공이
울타리를 지나가려면 말뚝 사이의 틈 중 하나를 통과하거나 울타리
위로 날아가야 한다.

수비 뒤 공간으로 패스하여 위협적인 공격을 하려고 할 때 패스하는
선수는 종종 너무 정확히 패스하려 하다가 플레이를 망치곤 한다. 그
는 팀 동료가 달려 들어가는 궤적에 완벽히 맞게 공을 패스하려 한다.

그러면 수비수는 슬라이딩을 통하여 발끝으로 공을 차낼 것이고 공격은 좌절된다. 나는 수천 번 그런 상황을 목격한 바 있다. 가끔은 당신도 완벽해야 한다. 그러나 대부분의 경우에 꼭 그렇지는 않아도 된다.

패스한 공이 수비 뒤 공간에서 살아 있다면 그건 황금 같은 기회이므로 그런 기회를 망쳐 놓아서는 안 된다. 패스는 약간 부정확해도 좋지만 어떤 경우에도 반드시 패스가 수비 뒤로 가도록 해야 한다. 공이 수비를 지나간다면 적어도 당신에게 기회가 생긴다. 똑똑한 선수는 그런 상황에서 발생 가능한 최악의 경우가 공이 아예 수비를 지나가지 못하는 것이라는 점을 이해한다. 그러면 당신은 아무런 기회도 갖지 못한다.

바로 득점으로 연결될 수 있는 킬러 패스(killer ball)를 하는 경우에는 정확한 패스가 필수이다. 그러나 말발굽 던지기 놀이를 하거나 수류탄으로 적을 공격할 때와 같은 경우에는 목표에 근접하게만 던져도 목적을 달성하는 데 충분하다.

팀 동료가 상대편 수비 진영에 위치해 있을 때 우선순위는 그에게 기회를 주는 것이다. 당신이 데이비드 베컴과 같이 정확한 패스를 할 필요는 없다. 당신이 할 일은 동료가 상대편과 경합하는 달리기에서 이길 수 있게 패스하는 것이고, 그가 상대편 골대를 마주보고 공을 받을 수 있게 패스하는 것뿐이다. 당신의 패스가 원하는 만큼 좋지 않더라도 그리고 어느 시인이 감탄하여 당신의 패스에 대해 시를 쓸 정도의 그런 패스를 하지 못하더라도, 그것은 여전히 골을 만들어내는 패스가 될 수 있다. 그리고 당신의 동료가 골을 넣는다면 득점 장면 비디오를 유튜브에 게시할 수도 있다.

가령 상대편 수비 뒤 공간으로 공을 차기로 결심은 했지만 멋진 공격을 계획할 의도는 없다고 하자. 가령 그저 그것은 당신이 약간의 압박을 받고 있으면서 다른 뾰족한 묘안이 없어서 압박감을 덜기 위해 취한 행동이라고 하자. 수비 뒤 공간으로 공을 차는 것은 단 한 가지 상황, 즉 공이 실제로 수비 라인 너머에 떨어지는 경우에는 여전히 당신 팀에게 유리한 것이다.

이는 우리가 2010년 조지아 대학교 팀에서 겪었던 또 하나의 문제였다. 너무 많은 선수가 우리 팀 골문 앞에서 공을 걷어낼 때 자로 잰 듯한 패스를 시도하면서 너무 정확히 하려다 보니 상대편 수비가 몸을 돌려 자기 팀 골문을 향하면서 공을 쫓아가게 하려던 당초의 의도와는 달리 상대편 수비 라인이 헤딩하기에 쉬운 볼이 되었다. 그 이유는 무엇인가? 그건 우리가 공을 충분히 세게 차지 않았기 때문이다.

수비수가 되어 좋은 점은 경기의 90% 정도로 상대편의 골문을 향한 채 공을 받는다는 것이다. 그러나 모든 수비수는 거친 공격수가 압박을 가하면서 뒤를 귀찮게 따라다니는 상태에서 자기 팀의 골문을 향해 공을 쫓아가는 것을 몹시 싫어한다. 최고의 수비수들도 이런 상태에서는 당황하기 마련이다.

수비 라인 뒤 공간으로 공을 차기로 결정하게 되면 공이 거기에 가도록 해야 한다. 힘껏 차라! 상대편 수비 라인이 흐트러질 정도로 세게 공을 차라. 왜냐하면 그런 플레이는 완벽하지는 않다 하더라도 상대편 수비수들을 불편한 입장에 처하게 하고 그들에게 해결해야 할 문제를 던져주기 때문이다. 수비수들이 문제를 해결하도록 만들어야 한다. 그렇게 해서 당신 팀의 위기 상황이 유리한 상황으로 역전되면 당신은 멋진 골을 넣을 기회를 많이 만들 것이다.

걷어내기는 골프의 버디 퍼팅과 유사하다. 두 경우 모두 절대 짧아서는 안 된다. 수비 뒤 공간으로 볼을 처리하는 과정에서 어쩔 수 없이 실수를 하게 된다면, 너무 짧게 차는 실수보다는 차라리 다소 너무 길게 차는 실수를 범하라.

코치들을 위한 한마디

조지아 대학교 팀은 이 문제를 비디오로 해결했다. 먼저 우리는 수비의 걷어내기가 너무 짧아서 상대편 수비가 쉽게 역습을 시작하는 사례들을 보여주었다. 마치 운명처럼 바로 다음 번 경기에서 우리의 강한 걷어내기로 인해 상대편 오른쪽 수비수가 압박을 받아 자기 편 골대를 향함으로써 골을 만들어냈다. 그 수비수는 골키퍼에게 태만한 백패스를 하였고 우리 공격수 중 하나가 공을 가로채 골네트를 갈랐다. 우리는 그 장면도 잊지 않고 비디오로 보여주었다.

제 18 장

안전 지역으로!

공이 발 앞에 있고 자신의 앞에 달릴 여유 공간이 있는 경우들이 생긴다. 그러면 당신은 그 공간을 열정적으로 공략해 들어가게 된다. 당신은 모든 사람의 주목을 받을 것이다. 멋진 일이 일어날 것이라는 기대를 불러일으키며 경기장을 쏜살같이 달려갈 때 관중들은 자리에서 일어나 환호하며 당신의 이름을 외칠 것이다. 아드레날린이 당신의 혈관을 따라 용솟음칠 것이다! 그런데 그때 드디어 당신은 도저히 뚫고 들어갈 수 없는 수비벽에 다다르게 된다. 드리블로도 안 되고 패스로도 불가능하다. 막다른 지경에 도달한 것이다. 전진하는 것은 더 이상 대안이 못된다. 이제 당신은 어떻게 할 것인가?

이 순간 평범한 선수라면 흥분에 휩싸여 계속 앞으로 헤치고 나아가며 요행을 바랄 것이다. 그리고 당연히 공을 빼앗길 것이다.

자, 이제 당신은 주위에서 일어나고 있는 일들에 대해 현실적이어야 한다. 모든 것이 흥분되고 무질서한 와중에 침착성을 유지하고 상식적으로 생각해야 한다. 어둠속에서 한 줄기 희망의 빛이 차츰 흐려지고 있을 때 침착성과 상식을 발휘하여 뛰던 발걸음에 제동을 걸고 주위를 살펴야 한다.

자, 괜찮다. 정말로 괜찮다. 우리는 당신의 처지를 이해한다. 혼자 힘으로 적진을 뚫고 들어가려다 결국에는 공을 빼앗겨버리는 소영웅주의적인 자살 특공대처럼 굴지 않고, 오히려 우리 팀이 계속 볼 소유권을 유지할 수 있게끔 도와주고 있다는 사실이 고마울 따름이다. '우리는 이해한다.'

이런 순간에는 오래 전 수영장에서 배운 교훈을 기억해낼 필요가 있다. 어린아이에 불과했고 수영을 할 줄도 모르는 상태에서 처음으로 수영장 안에 들어갔던 때를 기억하는가? 당신은 수영장의 수심이 얕은 쪽에서부터 슬그머니 들어갔을 것이다. 그곳이 안전하기 때문이다. 그러나 이내 이에 만족하지 않고 어디까지 들어갈 수 있는지를 확인하기 위해 깊은 쪽으로 한 걸음씩 나아갔을 것이다. 아마 물이 코 바로 밑에 찰 때까지 들어갔을 것이다. 그런 다음 바로 수심이 키를 넘는 지점에 도달하였고 위험에 처했다는 사실을 깨닫는다. 그때 당신은 어떻게 했는가? 발로 세게 물을 걷어차고 첨벙첨벙 물을 튀기며

가능한 한 빨리 얕은 쪽으로 되돌아오려고 안간힘을 썼을 것이다. 그리고 그것은 '정말로' 잘한 선택이었다!

똑같은 원리가 축구에도 적용된다. 물이 감당할 수 없을 정도로 깊어지는 때가 언제인지 깨달아야 하고 그때가 되면 그냥 공을 세운 후 안전 지역으로 도로 헤엄쳐 나와야 한다. 팀이 계속 공을 소유할 수 있도록 도와야 하는 것이다. 그들이 없다면 경기에서 이길 수 없다.

코치들을 위한 한마디

의심할 여지없이 당신에게는 이런 문제에 직면하는 선수들이 있다. 모든 팀이 그렇다. 내가 해줄 수 있는 충고는 이렇다. 그런 상황을 비디오에 담아서 선수들에게 보여준다. 그런 다음 수영장의 비유를 예로 드는데, 그것이 이해하고 기억하기 쉽기 때문이다. 나는 실제로 혼자 드리블해 들어가다 막 곤경에 처한 팀 동료에게 "안전 지역으로!(SHALLOW END)"라고 외치도록 선수들을 훈련시켜 왔다. 선수들이 당신이 가르쳐준 비유를 외친다는 것은 그 비유가 선수들의 몸에 배어 있다는 의미이다.

당신은 이 장에서 방금 읽은 모든 것과 달리 일생에서 몇 번은 혼자 힘으로 드리블해서 인간 장벽을 뚫고 들어가는 아주 특출한 선수를 가르치게 될지도 모른다. 그런 플레이는 막지 말아야 한다. 그저 편안히 앉아서 그 선수가 당신을 위해 경기에서 승리를 따내는 동안 그 장면을 즐겨라.

제 19 장

어정쩡한 걷어내기

좋은 선수들로 구성된 팀이 계속해서 볼 소유 연습을 하다 보면 모든 상황을 패스로 헤쳐 나가려는 위험한 습관이 들기 시작할 수 있다. 그리고 그건 크나 큰 곤경을 예고할 수 있다.

분명히 말하지만 경기를 하다 보면 그런 나쁜 습관을 걷어차 버려야 하는 시간과 장소가 있다. 그리고 이런 행동을 하더라도 아무런 수치심이나 양심의 가책을 느끼지 않아도 된다.

우리의 수비 선수가 페널티 에어리어 라인 바로 앞에 서서 상대편의 거센 압박을 받으면서 튕겨져 나온 공을 센터서클 아래쪽에 있는 우리의 공격형 중앙 미드필더에게 발리킥으로 차내려 하는 경우를 얼마나 많이 보는지 놀랄 따름이다. 그건 자살행위나 다름없는 플레이이고 대개 그 결말은 곧바로 우리의 숨통을 조이는 상황이 된다. 수비수로서 당신의 일차적인 책임은 상대편이 골을 넣지 못하도록 하는 것이라는 점을 명심해야 한다. 물론 우리는 당신이 가능한 한 공을 지키기를 원하나, 우리의 손실을 줄이고 그냥 최대한 힘을 내서 공을 적진 깊숙이 차내야 할 경우가 있음을 깨달아야 한다. 그리고 그때 우리는 당신의 플레이를 이해할 것이다.

훈련 중 어떤 플레이를 연습한다고 해도 실제 경기를 하다보면 공의 소유권을 잃는 경우가 종종 발생한다. 그게 바로 축구이다. 이때 중요한 것은 팀을 가장 덜 위험한 상황에 빠트리는 지점에서 공의 소유권을 잃는 것이다. 자기 진영에서 공을 빼앗기는 것보다는 상대 진영에서 공을 빼앗기는 것이 확실히 더 좋은 것임을 인식하고 있어야 한다.

영국의 EPL 경기를 보면 단지 압박을 줄일 목적으로 십여 차례 공을 수비 진영 밖으로 멀리 차낸다. 그런 플레이는 종종 그저 손실을 최소화하고자 하는 행동이다. '만일 우리가 공을 빼앗기게 된다면, 가능한 한 우리 골문으로부터 멀리 떨어진 곳에서 공을 빼앗기자.' 이것이 이치에 맞지 않는가? 우리가 경기에서 하는 플레이 중 일부는 우리 팀을 위해 가능한 한 쉽게 경기를 풀어가는 것이다. 그러나 이따금씩은 그저 상대팀이 가능한 한 어렵게 경기를 풀어가도록 하는 것이기도 하다. 그래서 상대팀이 골을 넣기 위해 더 노력할수록 그들은 더 어려움을 겪게 된다.

코치들을 위한 한마디

당신이 볼 소유를 지도하는 코치라면 무작정 공을 멀리 차내는 것이 옳은 경우가 이따금씩 있다는 점을 선수들에게 지속적으로 상기시켜야 한다. 수비수들은 자기가 해야 할 일의 우선순위를 계속 상기해야 한다. 아울러 걷어내기를 쉽고 간단한 플레이라고 생각해서는 안 된다. 축구의 다른 모든 기술과 마찬가지로 걷어내기도 기술이다. 걷어내기 연습시간을 따로 확보해서 수비수들에게 다양한 방식으로 공을 투입해 양발을 사용하여 원터치로 걷어내도록 한다. 미드필드를 넘어 공을 걷어내면 점수를 부여하는 식으로 시합을 붙이는 것도 하나의 방안이다.

제 20 장

세상에서 가장 멍청한 파울

공이 상대편의 왼쪽 수비수 뒤쪽 공간으로 떨어진다. 그 왼쪽 수비수는 자기 골문을 향한 상태에서 터치라인에 붙은 채 당신의 밀착 압박을 받는다. 그는 이런 밀착 상황에서 빠져나오려 궁리하면서 공을 뺏기지 않으려 한다. 그런 상황에서 당신은 서서히 그리고 조직적으로 그 선수를 자기 엔드라인 쪽으로 몰아간다. 둘이 그렇게 경합을 벌이는 사이에 당신의 팀 동료들이 그를 에워싸기 위해 몇 명 더 가까이 다가온다. 그 선수는 이제 엄청난 곤경에 처해 있다. 그런데 뚜렷한 이유 없이 당신이 인내심을 잃고 그의 다리 사이로 공을 빼내려다 파울을 범한다.

이 바보!

왜 그런 파울을 저지르는 거지? 왜? '왜, 왜, 왜!'

모든 것이 당신에게 유리하고 상대편은 곤경에 빠져 있다. 이런 상황에서 그가 빠져나와 자신의 플레이를 펼칠 방법은 없다. 혹시 패스를 시도한다고 해도 극도로 위험한 패스가 될 것이다. 그가 바라는 최선의 길은 공을 밖으로 차내서 스로인을 허용하는 것이다. 그리고 무엇보다도 그가 공을 자기 골문 쪽으로 더 가까이 몰고 있다. 따져보면 당신을 위해 당신이 할 일을 대신 해주고 있는 셈이다! 그런데 당신은 무슨 짓을 한 것인가? 조급함 때문에 어리석은 파울을 범해 그를 곤경에서 빠져나오게 한 것이 아닌가! 어휴!

그런 상황에서 상대편에 대한 파울은 절대 금물이다! 침착성을 유지해라. 인내심을 가져라. 커다란 문제에 봉착한 건 바로 그 선수이다. 그런 어려움에서 스스로 헤쳐 나오도록 놔둬라. 그에게 프리킥을 선물해줌으로써 대신 문제를 해결해주어서는 안 되는데, 그건 그저 바보 같은 행동이기 때문이다.

코치들을 위한 한마디

훈련 또는 시합에서 처음으로 이런 상황을 볼 때 모든 선수에게 이를 지적하고 이런 상황에서 파울을 하지 않는 것이 왜 그토록 중요한지를 설명한다. 경기를 찍은 비디오는 이때에도 도움이 된다. 그런데도 그런 문제가 지속적으로 발생하면 선수들에게 직설적으로 다그쳐라. 상대편 선수들을 계속 곤경에서 벗어나도록 해준다면 경기를 이길 방법이 없기 때문이다.

제 21 장

볼 트래핑은 평평한 신체 부위로

공이 당신 쪽으로 낮게 직선 방향으로 통통거리며 오고 있다. 첫 볼 터치만 제대로 하면 생산적인 플레이를 할 정도의 시간적 여유가 있을 것이다. 그런데 당신은 어떻게 볼 컨트롤을 하는가? 양발을 모으고, 양팔을 벌리고, 발끝으로 서고, 고개를 뒤로 젖히고, 눈을 감고, 공이 정강이 보호대에 부딪히게 한다.

아, 저 끔찍한 두 정강이 볼 트래핑(double-shin trap).

코치로서 경력이 쌓이면서 나는 더 이상 그런 볼 터치를 교정해줄 필요가 거의 없는 단계에 와 있다. 그 점에 대해서는 무한히 감사할 따름이다. 저도 모르는 사이 은근히 나타나는 두 정강이 볼 트래핑보다 더 우리의 아름다운 경기를 완전히 오염시키는 끔찍한 기량 부족은 없기 때문이다. 그건 축구라는 스포츠에서 한 오점이고 당신이 그런 행동을 보인다면 어두컴컴한 방에 처박혀 수치심을 느껴야 한다.

이만하면 분명히 이해되는가?

나는 발 안쪽을 내밀어 다가오는 공의 충격을 완화시켜 다음 플레이를 펼칠 수 있는 곳으로 공을 두기가 못지않게 쉬운데도, 굳이 공이 정강이 보호대와 충돌하도록 하는 이유를 전혀 모르겠다. 미국의 고등학교 축구 경기에 가보면 언제나 그런 플레이가 반복해서 일어난다. 솔직히 말해서 꽤 많은 대학 경기에서도 그런 행동을 볼 수 있다.

모두가 다 천부적인 기량을 가진 축구 선수는 아니다. 모든 선수가 다 3명의 수비수를 드리블로 따돌리거나 급회전을 할 수 있지는 않을 것이다. 축구에서 모든 기량이 다 천부적인 것은 아니고 심지어 천부적인 기량을 가진 선수들조차 적어도 볼 컨트롤을 위해서는 평평한 신체 부위를 택할 만큼은 똑똑해야 한다는 점을 알고 있다. 당신은 대통령을 위해서 저격수의 총받이 역할을 막 하려는 듯이 그저 공 앞으로 자신의 몸을 던지고 눈을 감아버릴 수는 없다.

당신은 플레이하기에 좋은 평평한 신체 부위를 공에 갖다 대는 의식적인 선택을 해야 한다. 당신이 할 일은 그저 공이 당신 몸에 부딪쳐 튕겨 나오는 것 이상의 플레이를 하는 것이다. 당신이 할 일은 볼을 컨트롤해서 다음 패스나 슈팅을 위해 준비하는 것이다. 당신이 두 정강이 볼 트래핑에 의지한다면 그런 플레이는 나오지 않을 것이다.

두 정강이로 볼을 트래핑해서는 안 된다. 나는 이를 달리 표현할 방법을 정말 모르겠다. 그건 그 정도로 단순하다. 당신은 그런 플레이를 하지 않기 위해 좀 더 분발해야 한다.

코치들을 위한 한마디

우리는 여름 축구 캠프에서 선수들이 두 정강이로 볼을 트래핑하는 모습을 흔히 본다. 캠프에 참가한 선수가 두 정강이 볼 트래핑에 의지할 경우에 우리는 훈련을 중단시키고 모든 선수에게 특히 이 기술은 용납되지 않는다는 점을 분명히 한다. 기량이 높은 축구 선수들은 발로 공을 받지 정강이로 받지는 않는다. 당신이 선수에게 자신감과 첫 볼 터치 태도를 길러주는 데 아주 좋은 연습을 원한다면, 나는 핑(Ping)을 제안한다. 핑이 생소하다면 www.SoccerPoet.com이란 나의 블로그에서 2011년 1월 1일자로 올린 '프로선수 만들기(Making a Pro)'란 글을 읽어보기 바란다.

제 22 장

발끝으로 찔러 차기

미국의 청소년 축구 코치들이 축구에 관해 거의 다 동의하는 한 가지가 있다면, 그것은 발끝으로 공을 차는 플레이에 대한 줄기찬 반감이다. 발끝으로 공차기는 미국에서 끔찍한 오명의 꼬리표가 붙어 있다. 우리는 아이들에게 술 마시는 것, 담배 피우는 것, 도둑질하는 것, 또는 발끝으로 축구공을 차는 것을 하지 말라고 가르친다. 그래서 브라질의 스트라이커들이 신나게 발끝으로 골을 기록하는 반면 미국 선수들은 발끝으로 공차기를 마치 몹쓸 병처럼 취급한다.

물론 발끝은 당신의 골프 가방에 들어 있는 골프채 중 유일한 혹은 가장 빈번히 사용하는 채는 절대 아니다. 발끝으로 공차기 또는 발끝으로 찔러 차기(toe poke)가 당신을 대표적으로 상징하는 기술이 되어서는 안 되는데, 거기에는 분명히 약점이 있기 때문이다. 그러나 축구에서 거의 모든 기타 기술과 마찬가지로, 발끝으로 공차기를 할 때와 장소가 있다.

발끝으로 공차기는 급히 서둘러서 플레이를 해야 할 때 특히 효과적이다. 예를 들어 당신이 상대편 골문 앞으로 5~6미터 거리에 서 있고 상대편 수비수에 의해 공격 기회가 무산되기까지 0.2초가 남아 있어서 무조건 슈팅을 해야 한다고 하자. 그런데 공이 발에 너무 가까이 있어서 발밑에서 약간 공을 떨어뜨려 놓는 예비적인 볼 터치가 필요하다고 생각한다. 이때가 바로 발끝으로 공차기를 터뜨릴 절호의 순간이다.

발끝으로 찔러 차기가 좋은 점은 슈팅하기 전에 사전 준비 시간이 거의 필요치 않다는 것이다. 자세를 조정할 필요도 없다. 크게 손을 뒤로 뻗거나 공을 찬 후 마무리 동작을 할 필요도 없다. 공이 앞에 놓여 있고 급히 공을 처리해야 할 때 오래된 방법인 발끝으로 공차기를 시도해보는 게 어떤가? 왜냐하면 그 공이 골문 안으로 들어가면 다이빙 헤딩슛이나 오버헤드킥만큼 가치가 있기 때문이다. 그건 그렇고, 발끝으로 찔러 차기는 위험 지역에서 공을 밖으로 멀리 걷어내기 위해 무슨 방법이라도 써야 하는 수비수일 때에도 똑같이 효과가 있다.

발끝으로 찔러 차기를 수치스럽게 생각하지 마라. 그것을 당신의 기술 목록에 추가해라.

코치들을 위한 한마디

내가 여태까지 봐온 가장 아름다운 발끝 찔러 차기 골은 유튜브에 올라와 있다. 'Ole Miss Goal Taylor'(https://www.youtube.com/watch?v=9ybuV5V6ITY)를 검색하라. 나는 특히 아나운서의 해설이 몹시 마음에 든다. 그것은 결정적인 골을 넣기에 적절한 타이밍에 이루어진 적절한 터치 방법이었다. 그것 하나만으로도 발끝으로 공차기가 가치 있는 기술이라는 점을 입증하기에 충분하다.

제 23 장

쓸모없는 수비벽

상대편이 프리킥을 얻어낸다. 공은 당신의 골문으로부터 40미터 떨어져 있다. 이때 당신의 팀은 무엇을 하는가? 4인조의 수비벽을 쌓는다. 자, 이제 남은 유일한 질문은 '왜냐'이다. 이는 머리를 긁적이게 하는 대표적인 질문이나, 그건 여자 축구에서는 아주 흔한 일이다.

2명 이상으로 수비벽을 쌓아야 하는 경우는 프리킥이 분명한 슈팅 거리에서 주어질 때이다. 40미터 떨어진 곳에서의 프리킥은 분명히 슈팅 거리가 아니다.

이렇게 생각해보자. 만일 프리킥을 한 공이 슈팅이 아닐 거라면, 아마도 그 공은 공격수에게 투입될 것이다. 공격 진영 내에서 얻은 프리킥의 대다수는 공중 볼로 페널티 박스 안으로 투입된다. 공은 페널티 박스 안으로 날아들고 여러 선수가 볼을 차지하려고 한꺼번에 다툴 것이다. 그러면 당신이 수비벽을 쌓기 위해 세워놓은 선수들은 페널티 박스 안에서 어슬렁거리는 상대편 선수들을 방어하지 못하는 허수아비 신세가 된다. 당신이 수비벽을 쌓는 데 전념토록 한 선수들은 상대편의 진입 패스를 막거나, 상대편을 꼼짝 못하게 하거나, 혹은 패스의 방향을 굴절시키는 데 필요한 수비 인력의 부족을 야기한다.

이에 대한 비난의 일부는 골키퍼에게 돌아가야 한다. 왜냐하면 벽을 쌓기 위해 선 많은 선수는 그냥 쓸모없는 멍청이가 되기 때문이다. 상대편이 프리킥을 얻었을 때 골키퍼는 마치 전문 건설업자처럼 벽을 쌓는다. 골키퍼는 상대편이 프리킥으로 골을 넣는 것에 극도로 겁을 내고 이를 막는 최선의 방책은 크고 두터운 벽을 쌓는 것이라고 생각한다.

그러나 골키퍼는 현실을 직시해야 한다. 골키퍼는 슈팅하는 선수의 능력과 40미터 거리의 슈팅을 막아내는 자신의 능력을 현실적으로 판단해야 한다. 그리고 당신 팀의 골키퍼가 불필요한 벽을 쌓는 데 중독되어 있다면 팀 동료들에게 그의 바람과는 어긋나게 행동하라고 명령해야 한다. 그렇게 하지 않으면 비난의 일부는 또한 당신 몫이 된다.

코치들을 위한 한마디

수비벽을 짜는 것에 대한 계획은 코치에게 달려 있다. 당신 팀(특히 당신 팀의 골키퍼)은 프리킥의 위치에 따라 얼마나 많은 선수가 벽을 쌓는 데 필요한지 알아야 한다. 내 개인적인 의견으로는 우리가 쌓을 벽이 페널티 아크에서 두 걸음 이상 떨어진 곳에 있다면 벽이 필요 없다고 본다. 페널티 아크는 골문 앞으로 20미터 떨어져 있다. 거기서 앞으로 두 걸음 떨어져 있다면 골문으로부터 대략 22미터 떨어진 곳이다. 거기서 9.15미터 떨어진 곳(프리킥 지점)은 31미터이다. 수비 선수들은 특히 골키퍼가 분명한 시야를 확보하고 있으면 31미터 떨어진 곳에서의 슈팅 정도는 막아낼 것으로 기대해야 한다. 시야를 방해하는 수비벽이 없으면 골키퍼는 막아낼 것이다.

제 24 장

스로인

미국에서 대학 수준의 축구에서조차 스로인이 기본적으로 동전 던지기와 같다는 사실을 아는가? 대학 팀들이 스로인한 볼을 계속해서 소유할 확률은 약 50%에 불과하다. 즉 스로인 횟수의 절반가량에서 볼소유를 즉시 상대편에게 되돌려주게 된다. 이런 사실로 보면 왜 미국의 모든 코치가 공이 터치라인 밖으로 굴러갈 때 볼을 소유하라고 목소리를 높이는지 이유가 궁금하다. 상대편이 볼을 소유하도록 해도 괜찮은데, 볼 소유가 당신에게 곧장 되돌아올 확률이 높기 때문이다.

스로인한 볼을 계속해서 소유하기 위한 몇 가지 조언을 하면 다음과 같다.

공을 손으로 잡자마자 즉시 머리 뒤편으로 당겨서 스로인할 준비를 해야 한다. 너무 많은 선수가 공을 자신의 배 앞에 내려놓는다. 그러면 스로인할 곳을 발견하고는 공을 들어 올려 머리 뒤로 넘긴 다음 앞으로 던져야 한다. 공을 위로 가져가는 데 걸리는 1~2초 사이에 상대편은 당신이 던질 곳을 알아채고 거기로 모여든다. 요컨대 스로인에 너무 오랜 시간이 걸린다는 것이다. 애초부터 공을 머리 뒤로 넘긴 채 스로인을 시작하면 목표 지점을 발견하고는 곧 거기로 빠르게 스로인을 할 수 있다.

공을 터치라인을 따라 던질 경우에 팀 동료와 터치라인 사이에 공을 던져서는 안 된다. 왜냐하면 그 공은 분명히 팀 동료를 맞고 라인 밖으로 튕겨나가서 상대편의 스로인이 될 것이기 때문이다. 이는 공의 방향을 살짝 트는 헤딩(flick-on header)을 하도록 팀 동료의 머리에 공을 던질 때 특히 사실이다. 그의 목 길이는 제한되어 있다. 그가 목을 40센티미터 이상 길게 빼서 공의 적절한 면에 머리를 갖다 대기를 기대할 수는 없다. 그에게 상대편과 경합해서 이길 기회를 주어야 한다.

팀 동료가 스로인한 공을 받기 위해 당신 쪽으로 오면 공을 튕겨 주어서는 안 된다. 일단 공이 튕기면, 공은 위쪽으로 튀어 오르기 시작해 다루기가 더 어려운 공이 된다. 대개 동료 선수의 무릎이나 복부 부분으로 공이 튀어 오르는데, 이런 공은 깔끔히 처리하기가 어렵다. 튕김 없이 스로인을 하면 목표 지점에 잘 도달하여 동료 선수가 안전하게 발밑으로 잡거나, 원터치 패스를 하거나, 혹은 방향 전환 패스를 할 수 있다.

　가능한 한 언제든지 상대편이 준비를 갖추기 전에 신속히 플레이한다. 스로인은 상대편 선수가 공에 등을 돌린 채 한눈을 파는 순간을 포착하기에 아주 좋은 기회이다. 스로인을 보다 신속히 할수록 자신의 팀이 볼을 유지할 가능성이 더 커진다.

코치들을 위한 한마디

당신 팀은 아마도 경기 당 20~40번의 스로인을 할 것이다. 그 가운데 절반 이상 볼을 소유할 수 있다면 좋지 않겠는가? 이런 전략을 팀과 논의한다. 연습 시간 중 10분 정도는 그런 전략의 점검에 할애한다. 단언컨대 분명히 효과가 있을 것이다.

제 25 장

압박에 빠지는 플레이를 하지 마라

'주의: 이 장은 앞에 서 있는 상대편을 돌파하기 위한 1 대 1 드리블 상황에 적용되는 것이 아니라, 상대편을 등지면서 압박을 피하고 볼 소유를 유지하기 위한 드리블에 대한 것이다.'

상대편에게 공을 내주는 가장 쉬운 방법은 상대편과 당신 사이에 공을 두는 것이다. 그러므로 그러지 마라. 제발 그러지 마라. 습관적으로 상대편의 압박에 빠진다면 당신이 괜찮은 축구 선수가 되는 것은 절대로 불가능하다.

드리블을 할 때에는 당신의 몸을 '즉시' 공과 상대편 사이에 두어야 한다. 그런 다음 제발 부탁인데, 상대편 쪽으로 몸을 돌리지 마라.

드리블을 하면서 공의 진행 방향을 바꾸고(cut back: 드리블을 할 때 공을 한쪽 발로 드래그하고 다른 쪽 발로 커트해서 공의 진로를 순간적으로 꺾는 기술을 말한다) 싶다면, 계속 상대편을 등진 채 몸의 다른 쪽 측면으로 하라. 이렇게 하면 당신의 몸이 공과 상대편 사이에 유지되어 계속 공을 보호할 수 있다.

경기 중에는 시야가 제한되는데, 경기장의 모든 선수가 당신의 눈높이에 있기 때문이다. 발을 내디딜 때마다 바싹 따라다니는 상대편과 열띤 경합을 벌이고 있을 때에는 갈 곳이 마땅치 않아 보여, 당신은 당황하고 몸을 상대편 쪽으로 돌려 이내 공을 빼앗긴다. 그러나 높은 각도에서, 예를 들어 관람석 꼭대기에서 촬영된 경기를 본다면, 당신은 조금만 침착하면 그런 상황에서 가용한 대안이 실제로 무수히 많다는 사실을 깨달을 것이다.

축구는 전후좌우 어느 곳으로도 패스가 가능한 360도 스포츠이다. 기타 많은 스포츠에서와 달리, 축구 선수는 반드시 전진할 필요는 없다. 전후좌우 360도에 해당하는 대안들이 있는 셈이고 쫓아다니는 상대편 한 명은 그런 수많은 각도 중 하나에 불과할 수 있다. 설령 그 한 명이 한쪽 측면을 완전히 장악한다고 해도 당신은 여전히 나머지 180도를 마음대로 활용할 수 있다. 상대편 한 명이 전부를 장악할 수는 없다. 상대편은 당신에게 여지를 남겨둘 수밖에 없으므로 당황할 필요가 없다. 이를 이해한다면 한층 더 침착성이 생길 것이며, 침착성은 똑똑한 선수가 되기 위한 토대가 된다.

조지아 대학교 팀에게는 하나의 계명이 있다: '우리 편 한 명으로부터 공을 빼앗기 위해서는 상대편 두 명 이상이 필요하다.' 선수명단에 올라 있는 모든 선수는 한 명의 상대 선수로부터 압박을 피하고 공을 유지할 수 있는 침착성과 기량을 갖추도록 요구된다. 우리 선수들이 이러한 1 대 1 경합에서 진다면 우리 팀은 경기에서 이길 수 없다.

경기가 한창 과열되면 공의 진행 방향을 바꿀 때 공을 당신과 상대편 사이에 두어도 괜찮을 것 같다는 생각이 들지도 모른다. '절대 안 된다!' 그런 상황에서 빠져나올 다른 길을 찾아라. 내 말을 믿어라. 그런 길은 항상 있게 마련이다. 그저 침착하게 그 길을 찾아라.

이는 축구에서 가장 기본적인 원칙의 하나이다. 이를 터득하고 신념으로 새겨라.

코치들을 위한 한마디

1 대 1 상황에서 압박을 피하는 훈련은 압박 하에서 선수의 침착성을 길러주고 방향을 바꾸면서 속임수 드리블을 하는 능력을 향상시키는 데 아주 좋은 방법이다. 탈출 터널(Escape Tunnel, 그림 25-1)은 우리의 훈련에서 자주 등장한다.

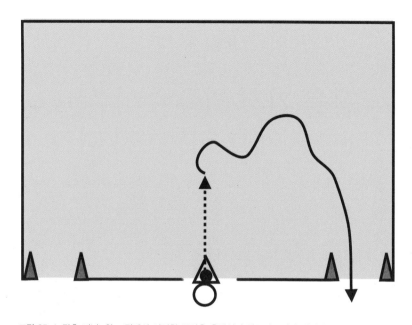

그림 25-1. 탈출 터널. 위 그림에서 사각형 공간은 출발선의 양끝에 2미터 너비의 문이 있는 가로 12
미터, 세로 8~10미터 규격이다. 공격수는 출발선 상에서 양발을 벌리고 양발 사이에는 공
이 놓여 있으며, 수비수가 그의 뒤에 바짝 붙어 있는 상태에서 시작한다. 수비수가 공격수
의 발 사이에 있는 공을 앞쪽으로 밀어내면 게임이 시작된다. 공격수의 목표는 먼저 공에
다다른 다음 공을 드리블해 나가면서 양끝에 있는 2개의 문 중 어느 하나를 통해 사각형
공간 밖으로 나오는 것이다. 수비수는 공격수의 공을 빼앗거나 사각형 공간 밖으로 차내면
이긴다.

제 26 장

공을 가진 최종 수비수는 태클 자체를 허용하지 마라

이는 신조로 삼을 만한 좋은 규칙이고 (절대적으로 수비수에게만 국한되는 규칙은 아니더라도) 주로 수비수에게 적용되는 규칙이다.

2006년 미국과 가나 간 월드컵 경기에서 미국 팀의 클로디오 레이나(Claudio Reyna)는 최종 수비수 위치에서 공을 소유하고 있었다. 그 순간 가나 팀의 하미누 드라만(Haminu Draman)이 레이나의 발에서 공을 가로챈 다음 춤추듯이 골문을 향해 들어가서 반대편 골포스트 안으로 깔끔하게 공을 집어넣었다. 이 경기에서 가나는 2 대 1로 승리했다.

당신이 자기 팀 골대에서 가장 가까이 있는 선수이고 공을 소유하고 있다면 무슨 일이 있어도 상대편에게 공을 빼앗겨서는 안 된다. 이는 축구의 신성한 계명들 중 하나이다.

이러한 위치에 있을 때에는 어떤 상황이 닥치더라도 상대편 공격수를 시험 삼아 드리블해서 제치려 해서는 안 된다. 당신이 얼마나 드리블을 잘하는지 혹은 상대편이 얼마나 드리블을 못하는지 나는 관심이 없다. 그런 드리블은 위험을 감수할 만한 가치가 없다. 왜냐하면 만의 하나 공을 놓치는 일이 발생한다면 당신 팀은 정말로 크나 큰 곤경에 빠지기 때문이다. 당신의 공을 빼앗은 상대편은 곧장 아무런 방해도 받지 않은 채 당신 골문으로 달려갈 것이고 이는 애석한 일이다. 그런 기회를 상대편에게 거저주면서 경기에서 승리하리라 기대할 수는 없다. 그러므로 도저히 다른 선택의 여지가 없지 않는 한 상대편을 드리블로 제치는 것은 꿈도 꾸지 마라. 그것은 생각할 가치도 없다.

이따금씩 중앙 수비수로서 당신은 발 앞에 공이 있고 당신 앞으로 약간의 여유 공간이 있을 것이다. 가장 가까이에 있는 상대편은 15미터 떨어져 있지만 서서히 거리를 좁혀오고 있다. 이 순간 당신은 위의 규칙을 기억해야 한다. 왜냐하면 그런 공간은 당신의 생각보다 더 빨리 사라질 수 있고 실제로 공간이 사라지고 나면 당신은 커다란 문제에 직면하기 때문이다.

이와 같은 상황에서 상대편 공격수가 당신을 태클할 수 있을지 여부를 판단하려 들지 마라. 그런 가능성을 계산하는 것은 아슬아슬한 줄타기와 같고 당신의 코치는 그런 줄타기를 바라지 않는다. 나의 규

칙은 이것이다: '공격수가 당신이 소유한 공을 위협할 정도로 가까이 다가오게 하지 마라.' 당신을 보호할 3미터 공간을 남겨두어야 한다. 당신이 원하는 것보다 조금 더 일찍 플레이를 해야 하나, 당신을 보호해줄 3미터 안으로 상대편이 들어오기 전에 반드시 공이 발을 떠나도록 한다.

기억하라. 수비수는 누가 뭐라고 해도 자기 팀이 허용한 골의 수에 의해 평가를 받는다. 당신이 공격에 공헌할 수 있다면 평가가 좋아지는 것은 사실이다. 그러나 그건 그냥 좋은 것이다. 당신의 우선순위를 기억하고 그것이 당신의 결정을 지배하도록 하라. 앞서 수비수의 우선순위에 대해 말하였지만 너무 중요해서 반복한다: 공격수가 당신이 소유한 공을 '위협할' 정도로 가까이 다가오게 하지 마라.

코치들을 위한 한마디

이는 가장 확실하게 당신의 경기를 망칠 수 있는 경우이므로 선수들이 위의 규칙을 이해했는지 100% 확실하게 확인하도록 한다. 가장 큰 문제는 이따금씩 선수들이 이 규칙을 어기고도 아무런 처벌을 받지 않는다는 것이다. 그런 위반이 통했다고 옳은 것은 아니다. 선수들의 귀에 못이 박히도록 이 규칙의 중요성을 인식시켜야 한다. 그렇지 않으면 기필코 그 대가를 치르게 될 것이다.

제 27 장

제1선 압박 라인을 넘겨라

제26장에서는 공을 소유한 최종 수비수에 대해 논했다. 이 장은 공을 가진 수비수 모두에게 적용된다.

경기장 위쪽으로 멀리 공을 차려고 마음먹을 때가 있다. 그것은 패스일 수도 있고 걷어내기일 수도 있다. 그리고 땅볼일 수도 있고 공중볼일 수도 있다. 어느 것이든 상관없는데, 다음은 그 모든 상황에 적용되기 때문이다.

패스가 되었든 걷어내기가 되었든 상대편이 구축하고 있는 제1선 압박 라인을 무조건 넘겨야 한다.

이런 종류의 플레이를 할 때에는 보통 당신 앞에 상대편 선수가 있기 마련이다. 1미터 앞에 있을 수도 있고 10미터 앞에 있을 수도 있다. 여기서도 그것은 문제가 되지 않는다. 그 선수가 얼마나 멀리 떨어져 있든 상관없이 당신이 차는 공은 그를 지나가야 한다. 무슨 일이 있어도 당신 앞에 있는 그 첫 번째 상대편 선수에게 공을 빼앗겨서는 절대로 안 된다.

상대편 선수가 당신의 패스를 막거나 가로채는 3가지 일반적인 시나리오는 대충 다음과 같다:

1. 당신이 패스한 공을 상대편이 깔끔하게 가로채 당신과 1 대 1 상황을 맞이한다. 이는 공격수들에게 환상적인 상황이다.
2. 상대편이 볼을 컨트롤한 다음 당신 뒤편으로 달려 들어가는 자기 동료에게 패스할 기회를 가진다.
3. 공이 상대편을 맞고 굴절되어 결국 당신 뒤편으로 툭 떨어진다. 이때 거의 대부분의 경우에 상대편 공격수가 더 일찍 공을 차지하게 되는데, 그러면 상대편은 절호의 기회를 맞이한다. 설령 당신이 더 일찍 공을 차지하더라도 뒤쪽에서 압박을 받으면서 골문을 향한 채 플레이를 하게 된다. 둘 중 어느 경우라도 당신 팀에게 희소식은 아니다.

수비수가 상대편의 제1선 압박 라인에게 공을 빼앗기면 거의 대부분의 경우에 팀은 수적 열세에 놓이고 결국 상대편의 빠른 공격 전환을 가져온다. 그리고 그것은 거의 항상 위험한 상황을 초래하기 때문에 무슨 수를 써서라도 피해야 한다.

당신이 공을 가진 수비수라면 실수를 해도 괜찮을 여지를 남겨두어야 한다. 상대편으로부터 여유를 두어 패스하라. 상대편 머리 위로 공을 차고 싶다면 머리보다 1~2미터 더 높게 겨냥한다. 공을 빼앗기는 것과 공을 상대편 제1선 선수에게 빼앗기는 것은 완전히 다른 문제이다. 그것은 도저히 용납될 수 없다.

코치들을 위한 한마디

제26장에서 해준 조언과 마찬가지로, 이는 가장 확실하게 당신의 경기를 망칠 수 있는 또 다른 경우이므로 선수들이 위와 같은 내용을 이해했는지 100% 확실하게 확인하도록 한다. 걷어낸 공이 차단되면 흔히 경기의 흐름이 바뀌는 계기가 된다. 당신은 수비수들이 상대편을 도와주는 플레이를 하지 않도록 해야 한다.

제 28 장

재빠른 경기 재개

심판이 당신 팀 골문으로부터 25미터 떨어진 지점에서 프리킥을 선언한
다. 이제 수비수들이 수비벽을 쌓기 위해 모여든다. 골키퍼는 골포스트
를 껴안은 채 수비벽을 일직선으로 적절히 정렬하기 위해 소리치며 서
있다. 이때 공격 팀의 한 선수가 골키퍼가 자신의 위치를 벗어나서 공에
는 전혀 신경을 쓰지 않는다는 점을 눈치 빠르게 파악한다. 그래서 재
빨리 공 쪽으로 다가가 비어 있는 골문 안으로 공을 차 넣는다.

　그와 같은 골키퍼의 불행이 어처구니없는 실수였다고 생각한다면
당신의 생각이 옳다. 훌륭한 선수들은 그런 실수를 저지르지 않는다
고 생각한다면 글쎄, 그건 옳지 않은 생각이다. 위에서 설명한 골은
미국 NCAA[National Collegiate Athletic Association(전미대학경기협

회)의 약자로, 미국과 캐나다의 각종 대학 스포츠를 관장하는 권위 있는 단체이다] 전국 선수권대회 결승전의 연장 후반에서 기록된 것이다. 연중 가장 중요한 경기의 우승이 한 선수가 한눈파는 상대편을 이용할 수 있다는 점을 깨달았기 때문에 그 선수의 소속팀으로 돌아갔다.

수준 높은 축구에서조차 심판이 호각을 불면 많은 선수가 완전히 집중력을 잃는다. 매 경기마다 선수들이 정신적으로 무너지는 상황이 연출된다. 그리고 똑똑한 선수들은 순간적으로 넋을 놓고 있는 상대편 선수를 이용할 수 있을 그 순간을 항상 엿보고 있다. 경기는 재빠른 경기 재개로 승리로 이끌 수 있다. 그리고 그런 순간을 발견할 정도로 약삭빠른 선수들은 영웅이 될 수 있다.

여기서 내가 지도했던 한 대학 축구팀의 예를 들어본다. 상대편 골키퍼가 백패스 된 공을 손으로 잡아 심판이 호각을 불었고 우리는 간접 프리킥을 얻었다. 골키퍼는 페널티 지점에서 팔을 내뻗고 손바닥을 위로 한 채 심판에 반감을 표현하며 서 있었다. 양 손바닥 중 하나에는 공이 놓여 있었다. 우리 선수들 중 한 명이 골키퍼의 손에서 공을 낚아채 재빨리 바닥에 놓은 다음 팀 동료에게 패스하였고 그는 비어 있는 골문으로 공을 차 넣었다.

어이없어 보이지 않는가? 그렇다. 그러나 그건 가감하지 않은 사실이다. 그와 같은 정신적 해이는 명백히 바보 같은 실수이다. 그러나 중요한 것은 그런 어리석은 행동이 경기 중 발생한다는 점이다. 그리고 그건 비단 골키퍼에만 해당되지 않는다. 어리석은 실수는 누구에게나 발생할 수 있다.

일반적인 축구 경기에서는 스로인을 포함하여 60번 이상의 경기 재개가 일어난다. 주의를 기울이고 재빨리 플레이할 준비를 갖춘다면 많은 경기 재개의 순간을 이용할 수 있다. 위에서 예로 든 공격 팀들과 같이 자주 횡재를 만나지는 않겠지만 주의를 기울인다면 가끔씩 그런 기회를 얻을 것이다.

재빠르게 경기를 재개한다고 항상 득점으로 연결되는 것은 아니지만 유리한 공격 조건을 갖추고 시작하는 것은 사실이다. 그런 기회는 수비수가 플레이에 주의하지 않고 등을 보일 때 그 선수의 머리 위로 하는 스로인이나, 심판 판정에 불만을 토로하는 상대편 선수를 따돌리고 경기장 중간 1/3 지점에서 하는 짧은 프리킥이 될 수도 있다. 어떤 경우이든 심판이 호각을 불면 선수들은 집중력을 잃게 마련이다. 선수들이 집중력을 되찾을 때까지 기다려서는 안 된다. 당신이 할 일은 그런 정신적인 실수를 범한 선수들에게 벌을 주는 것이다.

똑똑한 선수들은 자기 팀의 경기 승리에 더 좋은 기회를 줄 수 있는 위기 상황(어떠한 위기 상황이든)을 항상 모색한다. 그들은 틈만 나면 범죄의 기회를 엿보는 소매치기와 같은 병리 현상을 보인다. 그리고 경기 재개는 그런 범죄를 저지르게 하는 초대장이나 다름없다.

분명히 이러한 경우와는 정반대되는 아주 중요한 상황이 있는데, 경기 재개를 위해 플레이한 공이 상대편에게 선사된 경우이다. 똑똑한 선수들이라면 상대편에도 나름대로 몇몇 소매치기 기질을 가진 선수가 있다고 추정한다. 그래서 호각이 울리면 똑똑한 선수는 계속 집중력을 잃지 않을 뿐만 아니라 팀 동료들도 그러기를 요구할 것이다. 생각해보라. 우리 팀에게 공을 건네준 상대편 골키퍼의 심정은 어떠하겠는가? 그가 얼마나 당혹스러웠을 지를 상상할 수 있겠는가? 그는 단 1초간 한눈을 팔았을 뿐인데, 그 결과는 자기 팀의 경기 패배였다. 그런 실수를 저지르는 사람이 당신이 되지 않도록 주의한다. 그리고 팀 동료들 역시 그런 실수를 저지르지 않도록 주의를 주어야 한다.

호각이 울렸다고 당신이 할 일이 끝난 것이 아니다. 이는 당신의 상대편도 마찬가지이다. 재빠르게 경기를 재개하여 유리한 상황을 만들고 상대편이 그와 동일한 상황을 만들지 못하도록 해야 한다.

코치들을 위한 한마디

당신 팀에게 재빠른 경기 재개의 가치와 위험을 설명하라. 이를 강조하기 위한 방법들 중 하나는 미니 게임(5 대 5 + 골키퍼)을 할 때이다. 경기장의 터치라인이 줄지어 세운 여분의 공들로 이루어져 있어서 공이 밖으로 나가면 또 다른 공이 신속하게 다시 경기에 투입될 수 있도록 한다.

제 29 장

헤딩의 판단은 독자적으로

선생님이 질문하셨을 때 옆에 있는 학생이 다른 대답을 하여 원래 하려던 대답을 바꾼 적이 있는가? 그런데 원래 말하려던 답이 실제로 정답이어서 당신의 의견을 고집하였어야 했다고 후회한 적이 있는가? 그렇다. 우리는 모두 그런 적이 있다. 우리는 우리의 선택에 자신이 없어서 다른 사람이 선택한 것을 따라가고 결국에는 그 대가를 치른다.

수비수 혹은 미드필더로서 해야 할 일들 중 하나는 상대편 골키퍼의 펀트킥을 처리하는 것이다. 나는 공격수가 자신의 등 뒤를 바싹 따라오는 수비수가 있는 상태에서 자기 팀 골키퍼가 펀트킥을 한 쪽으로 달려갔으나, 결국에는 공이 두 사람 모두의 머리 너머로 날아가는 것을 셀 수 없을 정도로 너무나 많이 봐왔다.

나는 수비수가 무엇을 생각하고 있는지 이해한다. 그는 상대편이 자유롭게 헤딩하는 것을 원치 않는다. 그래서 상대편 선수와 경합을 벌이기 위해 따라붙는 것이다. 문제는 많은 선수가 골키퍼의 펀트킥을 판단할 수 없다는 것이다. 코치 생활을 하면서 알게 된 것 중 하나는 공격수들이 종종 공의 낙하지점을 모른다는 점이다.

나는 위와 같은 예들을 보아왔는데, 그런 경우에는 수비수가 공격수를 쫓아가지 말고 그저 제자리에 가만히 서 있었더라면 공이 수비수의 머리 위로 떨어졌을 것이다.

날아오는 공을 판단하는 것은 좋은 축구 선수가 되기 위한 덕목들 중 하나이다. 당신의 판단력이 미숙하다면 이를 향상시킬 필요가 있다. 당신에게 그런 판단을 도와줄 수 있는 코치가 있기를 바란다. 일단 이런 펀트킥의 판단에 능숙해지면, 자신을 어느 정도 신뢰할 필요가 있다. 상대편에게 속아서 당신이 올바르게 예측했던 지점으로부터 벗어나는 일이 없도록 해야 한다. 현실적으로 생각해보자. 그 선수가 바보일지도 모르는 것이다.

코치들을 위한 한마디

정말로 놀라운 것은 이와 같은 실수를 하는 청소년 국가대표팀 출신 선수들을 내가 가르친 적이 있다는 사실이다. 그러니 당신의 선수들이 그런 실수를 저지르는 단계는 지났다고 지레 짐작하지 마라. 나는 이를 가르칠 때 선수들에게 말로 설명하는 것보다 더 나은 방법을 아직 찾지 못했다. 설명을 끝낸 후 비디오로 그런 예가 되는 장면을 발견하면 (가끔씩 우리는 발견한다) 나는 그것을 확실히 짚고 넘어간다. 선수들에게 스스로 낙하지점을 판단하는 방법을 가르치는 것이 중요하다. 거기에 자신감이 생기면 선수들은 상대편 공격수에 의해 흔들릴 가능성이 줄어든다.

제 30 장

상대편 선수의 눈을 읽어라

가령 상대편 한 명이 공을 가지고 있고 그의 다음 동작이 틀림없이 패스일 것이라고 하자. 당신이 모르는 유일한 것은 그가 어느 동료에게 패스할 의도를 가지고 있느냐이다. 그러나 종종 어디를 주시해야 할지 알면 상당히 빠르게 그 의도를 알아낼 수 있다.

대다수의 대학 수준 축구 선수들은 자신의 패스 방향을 무심코 드러낸다. 일부 선수들은 지나치게 다가감으로써, 패스할 목표를 응시함으로써, 그리고 몸의 자세를 통해서 자신이 패스할 의도를 가지고 있는 곳을 너무도 뻔히 드러내 보인다. 그러나 다른 많은 선수의 경우에 당신이 어디를 주시해야 할지 알면 패스의 방향을 짐작할 수 있다.

거의 대부분의 선수들은 공을 막 차려고 할 때 공을 쳐다본다. 비결은 공을 패스하려는 선수가 머리를 숙이기 바로 직전에 어디를 쳐다보느냐이다. 대부분의 선수들은 패스할 의도를 가지고 있는 곳을 마지막으로 쳐다본다. 그래서 그들의 눈을 보고 다음 패스에 대비해서 몸을 움직이면 흔히 그런 패스를 적기 및 적소에서 가로챌 수 있다.

일부 골키퍼들도 페널티킥을 막으려고 준비할 때 이와 같은 전술을 사용한다. 그들은 페널티킥을 차는 선수의 눈을 관찰하며, 그 선수가 공에 접근하기 전에 쳐다보는 마지막 장소가 공을 찰 방향이라고 추측한다.

대부분의 선수들은 이러한 기본적인 개념을 모르는 상태에서 대학수준에 도달한다. 그리고 이런 개념을 터득한 선수들은 결국 축구에 대해 뭔가를 아는 현자처럼 보인다. 단 한 번의 경기를 했음에도 불구하고 우리 팀의 중앙 수비수가 인터셉트를 많이 해내자 상대편 코치는 우리 선수가 경기를 잘 읽는다고 칭찬한 적이 있다. 확실히 그 선수가 '경기를 읽어내는 것'처럼 보였을 것이다. 하지만 실제로는 그 선수가 상대편 선수들의 눈을 읽고 있었던 것이다.

나는 '경기를 잘 읽어라'는 표현을 몹시 좋아한다. 일부 선수들은 다른 일부 선수들이 결코 개발할 수 없는 신이 주신 재능으로 경기에 대한 감을 가지고 있는 것처럼 보인다. 물론 그 말에 어느 정도 일리가 있을지도 모르나, 실은 이렇다. 경기를 잘 읽는 선수는 누구나 공을 가진 선수의 몸동작도 잘 읽을 수 있으며, 거기에는 그 선수의 눈도 포함된다. 그리고 그런 능력은 우연히 나타나지 않는다.

똑똑한 선수들은 습관적으로 공을 소유한 선수의 눈을 염탐하며 반걸음 유리한 출발을 모색한다. 그 때문에 그들은 항상 적기 및 적소에 있는 것처럼 보인다. 똑똑한 선수들은 심령술사가 아니다. 그들은 그저 어디를 쳐다봐야 할지를 알고 있는 것이다.

그리고 말이 나온 김에 상황을 뒤집어서 생각해보자. 당신이 공을 소유하고 있으면 상대편은 당연히 당신의 눈을 읽으며 당신의 패스를 가로채려 할 것이다.

아주 좋은 선수와 위대한 선수를 구분하는 가장 뚜렷한 요소들 중 하나는 위대한 선수는 자신의 패스를 위장한다는 것이다. 아! 그들은 모든 것을 위장한다. 그들은 첫 볼 터치를 할 때 위장한다. 그들은 공의 방향을 바꿀 때 위장한다. 그들은 공을 헤딩할 자세를 취하다가 가슴으로 공을 받는다. 위대한 선수들은 속임수를 제조하는 기계인 셈이다.

한 단계 더 높은 수준으로 올라가기 위해서 절대로 하지 말아야 할 유일한 행동은 특히 압박을 받지 않을 때 공을 상대편에게 헌납하는 것이다. 우리는 그런 행동을 값싸게 공을 넘겨주는 것이라고 말한다. 그리고 현명한 상대편은 당신의 눈을 관찰함으로써 당신의 행동을 읽어내려 할 것이다. 그러므로 당신은 패스를 위장하는 법을 배워야 한다. 패스할 동료를 안 보면서 하는 노룩 패스(no-look pass)를 터득한다. 패스할 곳이 오른쪽이라면 마지막 눈길이 왼쪽이 되도록 한다. 신중을 기해야 할 때면 언제든지 발의 바깥쪽으로(outside) 패스한다. 그러면 몸의 자세를 바꿀 필요가 없어 당신의 의도를 감추는 데 도움이 될 것이다.

코치들을 위한 한마디
이 장의 수비적인 측면은 내가 아직 최선의 훈련 방법을 정립하지 못한 개념이지만 www.soccerpoet.com에서 그런 방법에 대한 제안을 기꺼이 받아들일 용의가 있다. 선수들에게 패스를 위장하도록 가르치는 것은 수비에 대한 경우보다 약간 더 쉽다. 나는 이런 훈련을 개인별로나 소그룹별로 선수들에게 압박이 없는 상태에서 노룩 패스를 기술적으로 반복하는 훈련을 많이 시키고 있다.

제 31 장

사전 속임수 동작

사전 속임수 동작(pre-fake)은 간단한 기술이지만 경기에서 사용하지 않는다면 축구 수준이 급속히 정체를 맞을 것이다. 공을 소유하고 있을 때 속임수를 사용할 수 있다는 것이 얼마나 중요한지는 모든 선수가 다 안다. 사전 속임수 동작은 공이 실제로 당신에게 도달하기 전에 사용하는 속임수이다.

흔한 예를 들어보자. 중앙 수비수가 왼쪽 수비수에게 횡 패스를 하고 상대편의 중앙 공격수가 추격을 시작한다. 왼쪽 수비수는 공을 자신의 몸 바깥쪽으로 돌리고 터치라인 위쪽으로 다음 패스를 하고자 한다. 문제는 상대편 공격수가 이를 저지하기 위해 도착하기 전에 그가 이런 플레이를 할 수 있는지 여부이다.

왼쪽 수비수가 0.5초 정도의 여유 시간을 벌 수 있는 방법 가운데 하나는 한 번의 볼 터치로 중앙 수비수에게 공을 다시 패스하려고 하는 것처럼 몸을 홱 트는 동작을 취함으로써 사전 속임수를 쓰는 것이다. 이런 동작으로 인해 추격하던 상대편 공격수는 멈칫할 수 있다 (그리고 흔히 그럴 것이다). 사전 속임수 동작으로 수비수가 번 여분의 0.5초는 그의 플레이가 성공하느냐 실패하느냐를 가르는 분수령이 될지도 모른다.

앞장에서 언급하였듯이 똑똑한 선수들은 속이는 재능이 많다. 그들은 항상 상대편을 한 방향으로 유도하다가 반대편 방향으로 나아간다. 사전 속임수 동작은 똑똑한 선수들이 구사하는 속임수 중 상당 부분을 차지한다.

당신은 발 바깥쪽을 사용하여 몸의 방향을 바꾸는 데 능숙한가? 그러면 공을 받기 전에 작은 어깨 놀림으로 상대편을 잘못된 방향으로 유도해보라. 당신이 기존에 했던 모든 플레이는 속임수가 더해졌을 때 훨씬 더 효과적이다.

축구 코치들 사이에 발이 빠른 선수는 보통 똑똑한 선수가 아니라는 통설이 있다. 즉 청소년 축구 단계를 거쳐나갈 때 빠른 선수들은 축구에서 자신의 문제점을 스피드로 해결하므로 자신의 기량을 향상시키려는 의욕을 갖지 못한다는 것이다. 특히 더 어린 연령층들 사이에 스피드 면에서 재능이 뛰어난 선수들은 축구의 기타 중요한 측면들을 개발할 필요성을 못 느낀다.

느린 선수들(달리기 경주에서 틀림없이 지는 선수들)은 테크닉과 속임수에 의존하여 축구에서 자신의 문제점을 해결한다. 이 때문에 느린 선수들은 성장해가면서 기술적으로 더 재능이 있고 속임수를 보다 잘 쓰는 선수가 된다.

속임수 동작은 축구에서 필수조건이다. 모든 선수는 1 대 1 압박에서 탈출하는 능력을 가지고 있어야 한다. 모든 선수가 드리블로 상대편을 제칠 수 있는 1 대 1 아티스트가 될 필요는 없으나, 속임수 동작을 사용하여 시간과 공간을 벌고 상대편을 따돌릴 수 있는 능력은 가지고 있어야 한다. 사전 속임수 동작은 당신의 축구 기술에 추가해야 하는 간단한 도구이다. 그런 기술이 없다면 익혀야 한다.

코치들을 위한 한마디

우리는 이 개념을 여러 가지 방법으로 훈련시킨다. 때로 20미터 가량 떨어진 파트너들 사이의 정적인 패스 연습으로 이런 기술을 익히도록 한다. 포백의 위치 전환 훈련을 시킨다면 각각의 선수가 공을 받아서 라인의 다음 선수에게 패스하기 전에 사전 속임수 동작을 실행하도록 할 수도 있다. 그리고 간혹 가다 볼 소유 게임을 하면서 사전 속임수 동작을 요구조건으로 해서 선수가 그런 동작을 실행하지 않은 채 패스를 받으면 그 선수의 팀이 소유권을 뺏기는 식으로 연습시킨다. 한동안은 연습이 어수선해 보이겠지만 선수들은 자기도 모르는 사이 기량이 향상될 것이다.

제 32 장

위험한 플레이 같지만 전혀 위험하지 않은 플레이

우리는 모두 다음과 같은 경우를 경험한 바 있다. 즉 상대편 선수가 공 위로 넘어진다. 당신은 그 선수 주위를 서성이며 심판이 위험한 플레이라고 호각을 불기를 기다린다. 그런데 그 상대편 선수가 일어나서 공을 다시 소유하고 심판의 호각은 절대 울리지 않는다.

물론 상황이 이러면 화가 나겠으나, 많은 심판은 경기 규칙상 명백히 위험한 상황이 될 때까지는 경기를 중단시키고 싶어하지 않는다. 그러므로 당신은 상황을 그대로 받아들여야 한다.

면책조항: 이 글은 결코 당신이 의도적으로 상대편에게 고통이나 부상을 가해야 한다고 제안하거나, 추천하거나, 혹은 암시하는 것이 아니다. 오히려 이 글의 진정한 목적은 상대편 선수에게 '해를 입히

지 않은 채' 심판이 호각을 불도록 하는 것이다.

자, 그럼 우리 얘기로 되돌아가보자. 어떻게 우리가 심판에게 호각을 불도록 할 수 있을까? 심판에게 바닥에 넘어진 선수가 긴급한 위험에 빠져 있다는 점을 확신시키면 된다. 그렇게 하려면 어떻게 해야 할까? 간단하다.

상대편이 공 위로 넘어지자마자 즉시 공을 빠르게 연달아 발끝으로 찔러댄다. 다리를 뒤로 젖혀 자세를 갖추고 찰 필요는 없다. 그런 동작을 말하는 게 아니다. 그저 발을 넘어진 상대편의 신체에 가능한 한 가까이 갖다 놓고 계속해서 발끝으로 공을 찔러댄다. 목적은 이 넘어진 선수가 위험에 처한 것처럼 착각을 일으키게 하는 것이지 실제로 그에게 위험을 초래하려는 것이 아니다. 공이 상대편 선수 밑에 깔려 있다면 절대 발끝으로 그를 건드리지 않은 채 그의 몸 밑으로 발을 갖다 대면 된다.

그러면 바닥에 넘어진 상대편 선수는 당신의 도발에 약간 약이 오를 수 있고 상대편 팬들은 약 10초 동안 흥분할 것이다. 특히 심판이 당신에게 프리킥을 줄 때(심판은 그럴 것이다). 결론은 당신 팀이 공을 소유하게 된다는 것이다.

코치들을 위한 한마디

나는 이런 개념을 훈련시킬 적절한 방법을 모른다. 그저 당신의 선수들에게 이를 보여주고 그들이 그런 상황이 오면 이를 기억하길 바라면 된다.

제 33 장

페널티킥 시의 수비

언젠가 자그마한 NAIA(National Association of Intercollegiate Athletics
의 약자로, NCAA보다 더 규모가 작은 전미대학경기협회이며 스포츠
에 의한 인격 도야를 주요 가치로 삼고 있다) 학교에서 창단 2년째인
축구팀의 코치를 맡고 있었는데, 홈에서 루이지애나 주립대학(LSU)
축구팀과 시합을 갖게 되었다. 당연히 우리는 엄청난 실력 차이를 보
이는 약체였다. 그러나 그날 우리는 죽도록 뛰었고 놀랍게도 경기 종
료 9분을 남겨둔 상태에서 점수가 0 대 0이었다. 대학 축구 역사상
가장 큰 이변의 하나를 일으킬 찰나였다. 그런데 그때 예기치 못한 일
이 발생했다. LSU가 페널티킥을 얻어낸 것이다.

　심판의 호각 소리로 우리의 낙관은 물거품이 되었다. 선수들의 반

응은 두말할 필요가 없었다. 꿈이 막 사라지는 것 같았다. 상황은 참담했다.

LSU 선수는 페널티킥을 차려고 앞으로 나오더니 골키퍼의 오른쪽으로 골네트를 찢어놓을 듯한 슈팅을 날렸다. 그러나 우리에게는 아주 훌륭한 골키퍼가 있었고 그는 정확하게 예측했다. 최대한 몸을 날린 골키퍼는 슈팅에 손을 갖다 대어 골문에서 쳐냈다. 그러나 튀어나온 공은 다시 골문 앞에 떨어졌다.

그 장면을 녹화한 비디오에서 우리 팀 골키퍼가 선방했을 때 팀 동료 중 3명이 마치 자신들이 골을 넣은 양 그야말로 축하하며 껑충껑충 뛰는 모습을 볼 수 있다. 문제는 우리 팀 중 아무도 공이 튀어나올 경우에 대비해 실제로 골문으로 쇄도할 준비를 갖추지 않았다는 것이다. LSU의 한 공격수가 먼저 그 공에 다가가 5미터 거리에서 수월하게 득점을 올렸다.

팀이 페널티킥을 내주었을 때 당신이 해야 할 첫 번째 일은 골키퍼가 선방해주리라고 가정하는 것이다. 그리고 골키퍼가 골을 막아낼 경우에 그것이 그의 마지막 선방이 되도록 한다! 골키퍼에게 한 번의 페널티킥에서 두 번의 선방을 요구할 수는 없다! 우리 팀 골키퍼의 대단한 선방은 팀 동료들 중 아무도 튀어나온 공을 처리할 준비를 하지 않았기 때문에 아무런 의미가 없었다.

페널티킥이 주어졌을 때 그 다음 5초가 중요하다. 대부분의 선수들은 신경을 끄고 있을 것이다. 공격 팀은 행운을 축하하고 있을 것이다. 수비 팀은 불운에 애석해할 것이다. 당신은 정신을 바짝 차리고 당신에게 이미 던져진 카드에 최선을 다하기 위해 이 5초의 시한을 활용해야 한다.

심판의 호각 소리를 듣자마자 피해 대책에 착수한다. 그건 튀어나온 공을 따내기에 가장 좋은 위치를 선점한다는 의미이다. 즉시 가장 좋은 자리를 차지하라. 그 자리는 골문으로부터 22 야드 떨어진 페널티 아크(또는 D)가 18야드 떨어진 페널티 에어리어 라인과 교차하는 지점들이다. 그리고 아무도 거기서 당신을 밀쳐내지 못하도록 한다. 이 두 지점에 있는 선수들은 골문 앞으로 튀어나오는 공에 최단 거리로 다다를 수 있다. 일단 그 지점을 확보하였으면, 공이 튀어나올 것을 예상하고 공이 키커의 발을 떠날 때 골문으로 전력 질주한다.

대부분의 페널티킥은 결국 골문 안으로 들어갈 것이지만 일부는 그렇지 않다. 당신은 행운의 여신이 당신을 내려다보며 미소 짓는 그때를 이용해야 한다. 똑똑한 선수들은 성공할 확률이 아주 낮은 경우에도 성공을 기대하며 만반의 준비를 갖춘다. 그들은 골키퍼의 선방으로 공이 튀어나오리라 가정하고 그 공을 맨 먼저 따낼 최고의 기회를 맞이하기 위해 자리를 잡는다. 당신도 그렇게 해야 한다. 당신의 예측이 빗나간다면 빗나간 것이다. 그래서 뭐 어쨌다는 말인가? 하지만 예측이 옳은 경우에 당신은 영웅이 될 기회를 맞이한다.

코치들을 위한 한마디

조지아 대학교에서 우리는 2010년 시즌이 시작되기 전의 경기에서 정확히 동일한 상황을 경험하였다. 우리 팀 골키퍼가 페널티킥을 선방하였지만 팀 동료들은 튀어나온 공을 따낼 생각이나 노력을 별로 하지 않았고 상대편은 이를 틈타 쉽게 골을 넣었다. 우리는 경기 직후 '한 번의 세이브(one save)'란 개념을 다루었다. 그 다음날 훈련에서 우리는 페널티킥 시의 수비 위치 선정을 검토하였고 실제 페널티킥 상황에 대비하여 몇 번 연습했다. 그 시즌에 세 번의 페널티킥을 더 상대편에게 허용하였지만 한 번도 골을 내주지 않았다. 이는 페널티킥이 반드시 골로 연결되는 것은 아니고 골키퍼가 선방하여 튀어나오는 공을 따내는 것이 가치가 있음을 입증한다.

제 34 장

수비의 상식

당신이 덜 사용하는 발은 쓸 만한가? 솔직히 대답하라. 왼발을 오른발만큼 잘 사용한다면 당신은 축구에서 소수정예 집단의 자랑스러운 일원이 될 수 있기 때문이다. 거의 모든 선수가 자신이 주로 사용하는 발에 훨씬 더 편안함을 느낀다. 극소수의 선수들만이 양발을 사용하여 공을 차는 데 능숙하다.

당신이 상대하는 상대편 선수가 특정한 한쪽 발을 주로 사용할 것 같으면 당신의 첫 번째 일은 그것이 어느 발인지를 알아내는 것이다. 다음으로 할 일은 그가 '그 반대편 발로 플레이하도록 만드는 것'이다. 이러한 전략이 경기를 훨씬 더 편안하게 풀어나가는 데 많은 도움이 된다는 점은 아무리 강조해도 지나치지 않다.

나는 우리 팀 수비수가 상대편 공격수가 주로 사용하는 발을 경기 시작 5분 이내에, 가급적 더 이른 시간에 파악하도록 한다. 중앙 미드 필더도 마찬가지이다. 그리고 오른발잡이 선수가 공을 가지고 앞쪽으로 나아갈 예정이라면 그가 왼발을 사용하여 플레이를 하도록 한다. 그가 슈팅을 하려 하면 왼발로 하도록 한다. 대단히 많은 선수가 공이 자신이 주로 사용하는 발 앞에 놓여 있지 않을 경우에 슈팅을 시도조차 못한다.

나는 공격수로 대학에 입학하였지만 즉시 외곽 수비수로 위치가 변경되어 무척이나 당황했다. 나는 이전에 단 1분도 수비수로 뛰어본 적이 없었기 때문이다. 첫 경기를 치르기 전에 우리 팀 코치는 나에게 상대편이 잘 쓰지 않는 발로 경기를 하도록 만들라고 주문하였고, 나는 지시대로 이행했다. 그런데 이런 전략은 내가 당초 생각했던 것보다 훨씬 더 효과적이었다. 매우 효과적이어서 나는 '수비할 때 이것만 잘하면 되는 걸까?'라고 생각했던 기억이 난다.

그와 같은 전략은 그 다음 경기에서도, 그리고 그 다음, 그 다음 다음 경기에서도 효과적이었다. 사실상 그것은 끊임없이 효력을 발휘했다. 그런 전략은 효과가 아주 확실해서 경기가 시작될 때면 즉시 나의 최우선 순위가 되었다: 상대 선수가 잘 쓰는 발을 확인하고 그 발을 못 쓰게 하라. 나는 많은 선수가 자신이 잘 쓰는 발이 묶이면 완전히 갈팡질팡한다는 점을 깨달았다. 나는 마치 발을 잘못 디뎌서 금은

보화가 가득한 항아리 속으로 떨어진 것 같은 기분이 들었다. '왜 진작 누군가가 나에게 이를 말해주지 않았을까?'

잘 쓰는 발을 묶어둘 때 얼마나 많은 선수가 사실상 꼼짝달싹 못하는지 놀라울 따름이다. 그들은 자신이 잘 쓰는 발 쪽에 공을 갖다 놓기 위해 온갖 노력을 기울일 것이다. 당신이 상대편이 잘 쓰는 발을 못 쓰게 하면 많은 선수를 완전히 무력화할 수 있다. 상대편이 당신을 무너뜨리려고 들면 그가 잘 쓰지 않는 발로 그렇게 하도록 유도하라.

코치들을 위한 한마디

이는 쉬울 뿐만 아니라 매우 효과적이어서 반드시 실행해야 한다. 당신의 선수들에게 상대편이 잘 쓰지 않는 발을 확인하고 잘 쓰는 발을 못 쓰게 하는 습관을 들이도록 하라.

제 35 장

우유부단하면 뺏긴다

나는 2001년 내 집을 처음으로 장만했다. 해변에서 한 블록 떨어져 있고 서핑족들을 위해 멋들어지게 지은 창고형 주택이었다. 그러나 거기에는 쓸 만한 공간이 있었고 마침내 내 집을 갖게 되었다는 생각에 나는 몹시 감격했다.

거실은 꽤 널찍하였고 아름다우면서 색깔이 어두운 딱딱한 나무 재질로 된 마루가 있었다. 그 아름다운 바닥에 깔 양탄자가 필요하였기에 나는 쓸 만한 양탄자를 찾아 나섰다. 나는 집안을 꾸미는 일에 관하여 전혀 경험이 없었고, 그래서 설령 좋은 양탄자가 성큼성큼 다가와 내 집 문을 두드린다고 하더라도 그런 양탄자가 어떤 모습인지 전혀 감이 없다는 점이 문제였다.

내가 얼마나 많은 양탄자를 살까말까 고민했는지 모르겠지만 당초 생각했던 것보다는 훨씬 더 많이 고민했다. 나는 한 양탄자를 보고 '이거 괜찮은데' 라고 생각했다. 그러나 그 다음 양탄자를 보고 아마 이것이 훨씬 더 좋겠다고 생각했다. 그리고 몇 분 후 나는 훨씬 더 마음에 드는 양탄자를 발견했다. 아니, 아마 그 정도까지 마음에 쏙 드는 것은 아니었던 것 같다. 나는 도무지 확신이 들지 않았다. 이런 고민은 끝없이 이어졌다: 이 양탄자에서 저 양탄자로, 이 가게에서 저 가게로.

나는 둘러보는 동안 많은 양탄자가 마음에 들었지만 막상 사려고 하면 망설이곤 했다. 왜냐하면 실내장식에 대한 나의 감각에 자신이 없었고 양탄자를 사고 난 다음 곧이어 더 좋은 양탄자를 발견하게 될까봐 두려웠기 때문이다. 결국에 가서는 두 번째로 좋은 양탄자를 사게 될 것이 싫었다. 그래서 그 덕분에 내 집의 마루는 그 후 5년 동안 양탄자 없이 바닥이 노출된 상태로 있었다.

도대체 이 얘기가 축구와 무슨 관련이 있나요?

그렇게 물어봐줘서 고맙습니다.

당신과 팀 동료 사이에 굴러가는 공이 있다. 두 사람 중 누구도 쉽사리 그 공을 처리할 수 있다. 그래서 당신이 그 공을 처리하기로 결정한다. 그런데 그 순간 당신은 자신의 결정을 다시 생각하기 시작한다. 그 공을 가지고 이런저런 플레이를 전개하면 되겠으나, 팀 동료가 훨씬 더 좋은 무언가를 해낼 위치에 있을지도 모른다는 생각이 든다. 그래서 당신은 팀 동료에게 그 공을 양보한다.

문제는 팀 동료도 조금 전 당신이 했던 것과 똑같은 생각의 과정을 거친 나머지 당신에게 그 공을 양보했다는 것이다. 두 사람 중 누구도 차선책의 수행을 원하지 않았고 의사소통의 책임을 지지도 않았다. 그래서 둘의 우유부단과 의사소통의 부재로 둘 다 아무런 일을 해내지 못했다. 그 결과 이제 상대편이 공을 소유하게 되고 당신에게는 아무 양탄자도 깔려 있지 않은 마루만 덩그러니 남는다.

차선책은 항상 세 번째로 좋은 것보다는 더 나은 법이다. 결단력 있는 행동에는 그만한 가치가 있고 그런 결정은 빠를수록 좋다. 설령 당신의 결정이 팀에게 차선책이 될지언정 그것은 팀이 더 이상 공을 소유하지 못하게 되는 경우보다는 훨씬 좋은 것이다. 권위 있게 결정하는 것을 두려워하지 마라. 팀 동료에게 책임을 전가하는 습관을 들이지 마라. 당신이 그런대로 괜찮은 결정을 내리고 당신의 의도를 가능한 한 빨리 팀 동료에게 큰소리로 명확하게 전달한다면 당신은 만족스럽게 임무를 처리한 것이다.

코치들을 위한 한마디

당신은 미드필더가 자신의 뒤를 졸졸 따라오는 상대편의 압박을 받으면서 자기 팀의 수비수 중 한 명을 향해 공을 도로 몰고 갈 때 위와 같은 문제를 흔히 볼 것이다. 이 미드필더의 유일한 대안은 횡으로 드리블해서 압박을 피하는 것인 반면 동료 수비수는 전방으로 공을 전개할 기회가 있다. 이런 경우에 두 선수가 종종 충돌하거나 수비수가 팀 동료에게 공을 강하게 내지르기도 한다. 둘 중 어느 것도 분명히 썩 좋은 대안은 아니다. 이와 같은 상황에서 전방을 향하는 선수가 공에 대해 우선권을 갖는다는 규칙을 정해놓으면 좋을 것이다.

제 36 장

골문을 향해 공격적으로 방향을 꺾어라

이 장은 한 번의 볼 터치에 관한 것이다. 단순하지만 결정적인 이 한 번의 볼 터치로 골을 넣을 기회를 만드느냐 못 만드느냐가 종종 결정된다.

이 장에서 논의하는 선수는 4-3-3 포메이션에서 대개 윙에 해당하는 측면 공격수이다. 이 선수가 측면 수비수보다 한 발짝 정도 적진에 더 들어가 있는 상황을 생각해보자. 이제 이 윙의 첫 볼 터치가 모든 것을 결정한다. 바로 이런 결정적인 순간에 너무 많은 선수가 바보처럼 실수를 한다.

이 공격수가 첫 볼 터치에서 골대를 향하여 방향을 꺾으면 수비수와 골대 사이에 위치해서 수비수를 효과적으로 제치게 된다. 이와 같은 방향을 꺾는 터치로 인해 어쩔 수 없이 수비수는 매우 곤혹스러운 선택을 해야 한다: 공격수에 대한 추격을 포기할 것인가 아니면 파울을 할 것인가. 그러나 첫 터치에서 그냥 터치라인을 따라 곧장 치고 올라가면 수비수를 따돌리지 못하고 수비수는 수비를 재정비할 각도를 확보하게 된다. 얼마나 많은 선수가 그런 첫 터치에서 그저 곧장 치고 나가는지 놀라울 따름이다.

골대를 향해 방향을 전환할 기회가 생기면 그 기회를 잡아라! 물론 이에는 어느 정도 배짱과 용기가 필요할 수 있지만 그런 결단은 모험을 걸 충분한 가치가 있기 때문에 분명히 감당할 만한 일이다.

우선 이 동작이 성공하면 곧장 골 에어리어 안으로 들어서게 되어 득점으로 연결시킬 수 있다. 이런 장면은 낯설지 않다. 골문 쪽으로 방향을 전환해서 페널티 에어리어 안으로 들어가면 페널티킥을 유도할 수도 있다. 이런 장면도 낯설지 않다. 그러나 그런 경우가 아니더라도 골문 쪽으로 방향을 전환하면 수비는 온갖 종류의 문제에 직면하게 된다. 최소한, 압박을 받지 않고 크로스를 올릴 수 있다는 것만은 거의 확실하다. 이는 시작에 불과하다. 진정한 즐거움은 그 한 번의 터치로 상대방의 수비 전체가 와해될 수 있다는 점이다.

골문 쪽으로 방향을 전환하면 마크하던 측면 수비수를 따돌리거나 그 선수가 파울을 범하게 할 수 있다. 그 선수가 파울을 범하면 소중한 위치에서 프리킥을 얻고 그 파울이 옐로우 카드를 받을 확률이 높다. 그러나 수비수가 파울을 범하지 않고 당신이 그 선수를 깔끔하게 제친다면 거기서부터 진짜 즐거운 일이 시작되는데, 사실상 수비가 한 선수를 잃은 셈이기 때문이다.

그러면 나머지 수비수들은 수적인 문제를 해결하기 위해서 재정비를 해야 한다. 다른 선수를 마크하던 두 번째 수비수가 자기의 마크를 포기하고 당신을 상대해야 한다. 다시 세 번째 수비수는 자기의 마크를 포기하고 두 번째 수비수가 포기한 선수를 마크해야 한다. 마찬가지로 네 번째 수비수는 세 번째 수비수가 포기한 선수를 마크하러 이동해야 할 것이다. 이 모든 연쇄적인 수비 위치 전환은 수비에게 엄청난 도전이고 그런 과정에서 위험한 틈새가 생기거나 마크를 받지 않는 공격수들이 나올 수 있다. 이 모든 일련의 변화는 당신이 첫 볼 터치를 골대 방향으로 꺾었기 때문에 일어난 것이다.

축구라는 스포츠에서 이것만큼 한 번의 볼 터치가 결정적인 결과를 가져오는 경우는 없다. 그런데 윙은 너무 자주 측면 수비수를 따돌리지 않고 엔드라인으로 곧장 치고 올라가서는 기껏해야 희망사항인 맹목적인 크로스를 날린다. 수비수가 크로스를 차단할 정도로 충분히 수비를 재정비하면 그런 크로스마저도 수비수에게 막히는 일이 종종 일어난다.

내 요지를 달리 표현해보자. 수비수의 입장에서 보면 공격수가 골대를 향하여 방향을 전환할 기회를 잡지 않는 경우에 그 보다 더 고

마울 수는 없는데, 이제 그 수비수는 다시 따라붙을 기회를 갖기 때문이다. 공격수는 수비수를 따돌리지 않으면 그에게 엄청난 혜택을 베푸는 셈이다.

첫 볼 터치를 골대 방향으로 꺾는 배짱 두둑한 방향 전환을 두려워해서는 안 된다. 그런 상황에서 파울 당할 것을 걱정해서도 안 된다. 그런 기회는 한 경기에서 한 번 맞이할지도 모르므로 그것을 경기의 중요한 기회로 삼아야 한다.

내 요지를 분명히 해보자. 나는 선수를 발굴하러 현장에 나가서 공격적으로 방향을 꺾는 터치를 하여 수비수를 따돌리고 골대로 돌진하는 그런 윙을 보면 갑자기 생기가 돈다. 배짱을 가지고 방향을 전환하는 선수가 너무 적으므로 그런 선수를 발견하면 나는 면밀히 관찰한다.

코치들을 위한 한마디

종종 보면 윙이 방향을 꺾는 터치를 하지 못하는 것은 그것을 몰라서가 아니라 배짱이 부족해서이다. 자신이 수비수에게 파울을 당할 위치에 놓이기가 싫은 것이다. 어쨌든 그런 방향 전환은 시도할 가치가 있다는 점을 윙에게 확신시켜야 한다. 그림 36-1은 이 개념의 훈련에 아주 좋은 연습이다.

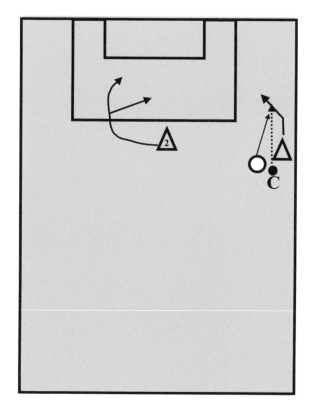

그림 36-1. 골문 쪽으로 방향 꺾기. 공격수는 터치라인 쪽 측면에서 수비수보다 미리 한 발짝 앞서 출발한다. 이때 코치가 두 선수 사이로 공을 패스한다. 공격수의 임무는 그 공을 수비수 앞으로 과감한 터치로 꺾어서 수비수를 따돌린 다음 반대쪽 골대 또는 페널티킥 지점에 도착하는 공격수 2에게 공을 보내주는 것이다.

제 37 장

공간이 넓게 열려 있으면
골문 중앙을 향해 드리블하라

앞장에서 우리는 상대 측면 수비수의 뒤로 올라간 다음 골문 쪽으로 방향을 전환하고 골대로 돌진하는 동작에 대해 이야기했다. 그러나 골문의 중앙을 향해 드리블해 들어가는 상황에서는 항상 수비의 뒤로 간 후 방향을 꺾어야 하는 것은 아니다.

대개 측면 미드필더 또는 측면 수비수가 공을 잡은 상황에서 그 선수의 앞으로 공간이 넓게 열려 있는 경우가 있다. 이제 이 선수와 맞설 기회를 가지는 선수는 상대편의 포백 중 하나일 것이다. 그런데 공을 가진 선수가 너무 자주 터치라인을 따라 곧장 드리블해 올라간다. 왜냐하면 그곳이 상대편의 저항을 가장 덜 받는 길이기 때문이다. 불행히도 그곳은 또한 수비하기에 문제가 가장 적은 길이기도 하다.

결국 측면 수비수 또는 중앙 수비수가 다가와 맞서고 터치라인 쪽으로 당신을 몰아세울 것이다. 그러면 나머지 3명의 수비수가 쉽게 수비 형태를 유지하면서 골문을 지킬 수 있다. 포백 전원이 공과 당신의 팀 동료들을 한꺼번에 자기들 시야에 유지할 수 있을 것이다. 이는 수비의 기본 중 기본이다. 강력한 수비를 돌파하기 위해서는 터치라인을 따라 드리블해 들어가는 것보다 훨씬 더 효과적인 플레이를 해야 한다.

당신이 터치라인이 아닌 수비의 심장부로 달려간다면 상황은 상대편에게 한층 더 어려워진다.

기억하는가? 당신이 수비수들에게 의사소통을 해서 결정을 내리도록 상황을 몰고 가는 경우에 수비진은 가장 골치 아프다. 드리블의 방향을 꺾어 곧장 골문을 향해 들어가면 측면 수비수와 중앙 수비수 사이에 누가 저 선수를 맡을 것인지에 관해 결정을 내려야만 하는 상황을 즉시 초래한다. 이는 그들이 내려야 하는 가장 쉬운 결정이지만 잘못된 결정을 내릴 확률이 50 대 50이다. 대개 그들은 결정을 내리는 데 주저하고 둘 다 전진하기도 하고 둘 다 후퇴하기도 할 것이다. 어느 경우든 그들은 문제를 안게 된다.

거기서부터 상황은 더 어렵게 꼬여간다.

설령 수비가 잘 조직화되어서 드리블해 들어오는 선수를 중앙 수비수가 맡아야 한다고 재빨리 결정을 내린다고 하더라도, 중앙 수비수와 동료들 사이의 수비 라인 내부에 틈이 벌어진다. 나머지 수비수들은 패스를 예상하고 대각선으로 파고드는 상대편 공격수들을 예의주시하면서 이 벌어진 틈을 어떻게 메꿀지 파악해야 한다. 중앙 수비수를 끌어내는 것은 체스에서 상대방이 킹핀을 움직이게끔 하는 것과 마찬가지이다. 왕이 움직이면 다른 모든 핀이 덩달아 움직여야 하기 때문이다.

이제 당신 때문에 수비수들은 의사소통을 하고 결정을 내려야 하는 상황에 직면한다. 그리고 수비가 조금만 실수를 해도 수비 라인에 균열이 생겨 곧장 골문으로 향하는 혈로가 뚫리기 쉽다. 게다가 당신이 수비 심장부로 파고들면 측면 수비수들은 골문을 보호하기 위해 좁혀 들어와야 한다. 이에 따라 윙 쪽에 커다란 공간이 생겨 당신의 동료들이 공격하기가 훨씬 수월해진다.

이 개념은 복잡하게 들리지만 실제는 단순한 것이다. 그림 37-1을 보면 내 요지를 분명히 이해하는 데 도움이 될 것이다. 아니면 그냥 내 말을 액면 그대로 받아들이고 다음과 같은 조언을 기억하면 된다: 포백의 앞쪽으로 공간이 탁 트여 있을 경우에는 드리블의 방향을 곧장 골문의 심장부로 꺾어라. 그러면 좋은 상황이 일어날 것이다.

코치들을 위한 한마디

이 개념을 소개하기에 아주 좋은 연습은 골키퍼들을 둔 3 대 2 게임(3v2 + Ks)이다. 먼저 30×40미터 크기로 경기장을 표시하고 양쪽 엔드라인에 골대를 세운다. 하나의 골대에 수비수 2명을 각각의 골포스트에 1명씩 배치하고 공격수 3명은 반대편 엔드라인에 걸쳐서 배치하는데, 측면 공격수들은 코너에서 출발한다. 수비수들이 공격수들에게 볼을 서브하면 플레이가 시작된다.

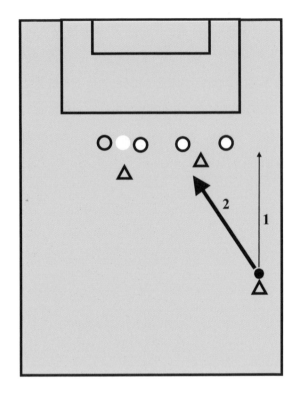

그림 37-1. 공을 가진 선수가 터치라인을 따라 곧장 치고 달리는 대안 1을 선택한다면 공격은 매우 예측
가능하고 상대편은 수비 형태를 유지하면서 쉬운 방어에 임할 것이다. 공격수가 대안 2를
선택하고 수비의 심장부를 향해 곧장 치고 달린다면 수비수들은 수비 라인의 내부 틈새를
틀어막고 수비 라인을 대각선으로 파고드는 공격수들을 추적하면서 혹시 날아들지도 모를
슈팅을 방어해야 한다. 이에 따라 어쩔 수 없이 수비수들은 의사소통을 하고 결정을 내려야
한다.

제 38 장

페널티킥 유도하기

남자 축구와 여자 축구 간에 재미있는 차이점이 있다. 남자 축구 경기에서 공격수는 상대편의 골 에어리어로 드리블해 들어가다가 수비수가 다리를 뻗으면 설령 접촉이 없었다고 할지라도 높은 다이빙 보드에서 떨어지는 올림픽 수영 금메달리스트처럼 다이빙을 한다.

여자는 그와 정반대의 행동을 취하는 경향이 있는데, 이는 (비난받을 만하지는 않더라도) 바람직하지 않다. 충분한 접촉이 있어서 페널티킥을 따낼 상황인데도 대부분의 여자 선수들은 넘어지지 않고 앞으로 나아가려고 사투를 벌인다. 그리고 이는 궁지에 몰린 심판을 구해낸다.

엄밀히 말하자면, 페널티킥을 얻어내기 위해 굳이 넘어질 것까지는 없다. 그러나 실제로는 당신이 넘어지지 않으면 심판은 페널티킥을 불지 않는다. 심판들은 어지간해서는 페널티킥의 선언을 좋아하지 않는다. 넘어지지 않고 두 발로 온전히 서 있으면 심판은 어려운 결정에서 쉽게 벗어난다.

페널티 에어리어 안에서 파울을 당하면 영웅이 되지 말고 당신의 몸이 시키는 대로 그냥 넘어져라. 왜 구태여 넘어지지 않으려고 사투를 벌이는가? 몸의 균형을 회복하는 데 걸리는 시간 때문에 확률적으로 말해서 당신은 방금 전에 가졌던 득점 기회를 살리지 못할 것이다. 상대편의 페널티 에어리어 안에서 파울을 당한다면 그냥 신경 쓰지 말고 넘어져서 페널티킥을 따내라.

코치들을 위한 한마디

나는 접촉이 없었는데도 있었던 것처럼 행동하라고 선수들에게 가르치고 싶은 생각은 절대로 없고 당신도 그래서는 안 된다. 반면 당신은 자선단체를 운영하는 것도 아니다. 규칙이 허용하는 한 굴러들어온 페널티킥 기회는 무조건 살려야 한다. 이 장에 대해서는 당신 팀의 공격수들과 토론을 벌일 만한 가치가 있다. 그러면 당신 팀이 경기에서 이길 날이 올 것이다.

제 39 장

무리한 슈팅을 삼가라

조지아 대학교 팀의 2010년 시즌에 이 개념을 강조하여 훈련시킨 결과 우리에게 주요한 전환점이 되었다. 훈련 성과가 매우 컸기 때문에 나는 코치를 맡게 될 모든 팀에서 이 훈련을 실시할 계획이다.

우리는 거의 모든 경기에서 경기장 전체를 장악하였으나, 승리에 필요한 마무리가 늘 안 된다는 점이 아쉬웠다. 공격 1/3 지역에서 인내심과 자제력이 부족했다. 우리는 한 차례 공격을 퍼부을 때면 오래 상대편을 압박하였고 만사가 순조롭게 진행됐다. 왼쪽 측면을 공략하다가 방향을 돌려 경기장 맞은편으로 위치를 바꾼 다음 침투할 만한 공간을 세심하게 탐색하면서 오른쪽 측면을 공략하려 했다. 상대편이 속수무책으로 우리를 계속 쫓아다니다가 지쳐 있는 모습을 볼 수 있었다. 상대편 선수들의 심신이 피로해져 있는 것을 확인할 수 있었다. 그들의 수비 형태가 느슨해져가는 것을 볼 수 있었고 좋은 득점 기회가 눈앞에 다가왔음을 알았다.

그런데 거의 예외 없이 우리 선수 중 한 명이 인내심을 잃고 30미터 지점에서 몸의 균형을 잃은 상태에서 성공 가능성이 낮은 슈팅을 해버리는 것이다. 당연히 그 결과는 골키퍼가 잡기 쉬운 공이 되거나 골킥이 되어 우리가 그때까지 쌓아왔던 좋은 공격 리듬을 한순간에 망치곤 했다. 어떨 때는 득점이 불가능한 각도에서 슈팅을 시도하여 그 슈팅이 골대에서 멀리 벗어나곤 했다. 우리 팀이 너무 오래 슈팅을 하지 않은 채 공을 돌렸다고 누군가가 판단한 바로 그 이유 때문에 사실상 상대편에게 공을 헌납하고 있었던 것이다. 그 당시 우리는 상당한 좌절감을 느꼈는데, 경기에서 압도적인 우위를 점하고 있었음에도 우리에게 밀리던 팀과 0 대 0 무승부에 만족하고 있었기 때문이다.

똑똑한 선수들은 현실적이다. 그들은 결코 위협적이지 못한 공격을 시도하여 상대편을 위기에서 구출해주지 않는다. 당신은 골대 30미터 지점에서 얼마나 많은 득점을 올렸는가? 당신은 잘 쓰지 않는 발로 30미터 지점에서 얼마나 많은 득점을 올렸는가? 당신은 몸의 균형을 잃은 상태에서 잘 쓰지 않는 발로 30미터 지점에서 얼마나 많은 득점을 올렸는가? 당신이 30미터 떨어진 곳에서 늘 득점을 올리는 것이 아니라면, 또 최근 3년간 그런 위치에서 득점을 올린 적이 없다면, 아마도 당신은 공격 방법에서 그런 선택을 제외시키는 방안을 고려해야할 것이다.

당신은 성공 가능성이 낮은 슈팅을 할 때 팀에 입힐 피해를 알아야한다. 그 슈팅이 전체적인 경기 흐름에 어떤 영향을 미칠지 알아야 한다. 패배 직전까지 몰고 간 상대편에게 계속해서 공을 헌납하고 있다면 승리를 기대할 수 없다. 이런 점을 안다면 당신은 좀 더 분별력 있는 슈팅을 시도하게 될 것이다.

이와 같은 규칙에 위배되는 또 하나의 흔한 실례는 성공 가능성이 낮은 헤딩슛, 특히 크로스 패스에 이은 헤딩슛에서 찾을 수 있다. 크로스 패스된 공이 상대편의 골 에어리어에 도달할 때 그것은 골이 될 막강한 잠재력을 가진 크로스 패스이다. 이런 패스를 받자마자 당신이 내리는 결정은 그런 잠재력이 실현될지 여부를 좌우한다.

자신의 헤딩슛에 충분한 파워를 실을 현실적인 기회가 없는 선수가 적은 성공 가능성을 무시한 채 어떻게든 득점을 올리려 하는 경우가 너무 흔하다. 그의 헤딩슛은 골키퍼가 잡기 쉬운 공이 되어 자기 팀이 적절한 득점을 만들어낼 기회를 박탈한다.

당신이 반대 쪽 골대에 도달하지만 크로스 패스가 길어져서 골문으로부터 뒷걸음질을 칠 경우에는 득점을 올리지 못할 것이다. 크로스 패스에 속도가 그리 없고 당신이 골문에서 15미터 떨어진 곳에 있을 경우에도 득점을 올리지 못할 것이다. 물론 당신이 득점을 올리면 코치는 누구 못지않게 매우 기뻐하겠지만 차선책을 선택해야 하는 때와 장소가 있다.

득점을 올리기에 좋은 기회가 아니라면 굳이 슈팅을 하지 마라. 다른 모두를 위한 기회를 망쳐서는 안 된다. 팀 동료가 나중에 좋은 득점 기회를 맞이할 수 있도록 공을 계속 살려두는 것이 더 낫다. 골키퍼에게 갖다 바치는 약한 헤딩슛을 날리거나 불가능한 각도에서 득점을 하려 하지 말고, 팀 동료가 있는 곳으로, 혹은 위협적인 장면을 만들어낼 수 있는 골문 5미터 앞으로, 혹은 페널티킥 지점으로 헤딩을 떨구어주라.

그것은 단지 헤딩뿐만이 아니라 모든 신체 부위가 해당된다. 당신이 어느 신체 표면을 택하든지 상관없이, 득점을 올리려 시도한다면 좋은 득점 기회를 맞이할 때 그렇게 해라. 그렇다고 외통 찬스라든가 자동적으로 득점이 되는 쉬운 기회에만 슈팅하라는 말은 아니다. 그러나 같은 이유로 신의 개입 없이는 도저히 득점할 수 없는 그런 슈팅을 날려서는 안 된다. 현실을 직시하고 인내심과 자제력을 가져라. 그렇지 않으면 상대편에게 공을 헌납해서 상대편을 위기에서 빠져나오게끔 도와주는 꼴이 된다.

코치들을 위한 한마디

내가 조지아 대학교 팀에서 이를 가르치자 눈에 띨 만한 변화가 일어났다. 우리의 경기 당 총 슈팅수는 줄어들었지만 슈팅 당 득점률은 현저히 향상됐다. 슈팅 27회에 1골도 기록하지 못했던 과거와는 달리, 슈팅 17회에 3골을 기록했다. 우리가 플레이를 전개하면서 공을 더 유지하고 공을 계속 소유하다 보니 상대편은 지쳤다. 상대편은 골킥을 더 적게 하였으므로 그만큼 휴식이 줄었다. 상대편 골키퍼 역시 손으로 공을 잡는 횟수가 적어져서 휴식을 취할 기회를 박탈당했다. 당신의 팀이 경기를 주도하고 있지만 결실을 보지 못하고 있다면 이는 당신이 검토해보아야 할 주제이다.

제 40 장

스로인은 생각만큼 효과적이지 않다

최소한의 압박을 받는 상태에서 발로 공을 처리할 것인지 아니면 스로인을 얻기 위해 공이 경기장 밖으로 굴러가도록 놔둘 것인지를 선택해야 한다면, 발로 공을 처리하는 것이 좋다.

스로인은 당신이 전개할 플레이의 선택 폭을 줄이고 파울을 하지 않고서는 그다지 멀리 던지지도 못한다. 스로인은 상대편에게 공 근처에서 수적 우위를 점할 기회를 준다(던지기를 하는 선수는 터치라인 밖에 있어야 하기 때문에 항상 우리 편 한 명이 부족한 상황이 된다). 가장 중요한 것은 스로인의 50%는 볼 소유권을 잃는다는 점이다. 스로인을 이렇게 보라: 스로인은 내 공도 아니고 네 공도 아니다. 자기 팀 수비 1/3 지역에서 스로인을 하여 공을 계속 소유하려는 것은 마치 백주대낮에 탈옥을 계획하려는 것과 같다. 그건 불가능하지는 않지만 당신이 총에 맞을 가능성이 대단히 높은 행동이다.

당신이 즉각적인 압박을 받고 있을 때, 당신 팀이 이기고 있어 시간을 끌려 할 때, 혹은 당신 팀의 공격 1/3 지역에서 팀 동료가 긴 스로인을 던져 바로 득점 기회를 만들 수 있는 때처럼, 공이 터치라인을 넘어 굴러가도록 해야 할 경우가 확실히 있다. 물론 예외는 있는 법이다. 그러나 일반적으로 말해서 스로인이 당신에게 뚜렷한 이점을 제공해주지 않는다면 공을 경기장 내로 유지하고 발을 사용하여 볼을 플레이해야 한다. 그러면 당신은 대안이 더 많아지고 팀이 공의 소유를 유지하도록 도울 가능성이 더 높을 것이다. 게다가 거의 모든 선수가 공을 손으로 던지기보다는 발로 찰 경우에 더 멀리 보낼 수 있다. 즉 기타 이유들이 아니라고 해도, 공을 경기장 내로 유지하면 당신은 공을 상대 진영으로 세게 내참으로써 당신에게 가해지는 압박을 덜 수 있다.

코치들을 위한 한마디

나는 왜 그리 많은 선수가 이 개념을 이해하지 못하는지 알 수가 없다.
또한 왜 그들이 스로인이 매우 유리하다고 생각하는지 알 수가 없다.
그러나 내가 알고 있는 한 똑똑한 선수들은 공을 터치라인 밖으로 굴러
가게 내버려두어야 할 때와 경기장 내로 유지해야 할 때가 따로 있다는
사실을 이해한다.

제 41 장

리바운드 공 사냥하기

나의 지도를 받은 적이 있는 선수라면 누구나 내가 리바운드 공의 사냥을 무척이나 강조한다는 점을 귀띔해줄 것이다. 그리고 나는 선수 또는 코치들이 나와 같은 열정을 가지고 있지 않은 이유를 알 수 없다.

최고 수준의 남자 축구에서 득점은 흔히 리바운드 공으로부터 이루어진다. 실제로 리바운드 공으로 2010년 월드컵에서 미국 팀은 가장 흥미진진한 순간을 맛보았다. 알제리를 패배시킨 90분에 터진 도노반(Landon Donovan)의 골은 아주 단순한 리바운드 공의 마무리였다. 리바운드 공은 남자 축구에서 항상 발생한다. 여자 축구에서는 훨씬 더 많이 나온다.

여자는 남자와 같은 크기의 골대를 사용하나, 여자 골키퍼는 남자의 경우만큼 키도 크지 않고 팔도 길지 않다. 이는 남자 골키퍼가 손을 뻗어 잡을 수 있는 슈팅도 여자 골키퍼는 단지 손을 뻗어 쳐낼 수밖에 없다는 의미이다. 또한 남자와 여자는 같은 크기의 축구공을 사용하나, 여자 골키퍼의 손은 더 작아서 리바운드 공이 나오기가 더 쉽다. 골키퍼 외에 골대와 크로스바의 문제도 있다. 많은 슈팅이 골대를 맞고 골문 앞으로 떨어진다. 요컨대 리바운드 공은 항상 발생하기 마련이라는 것이다. 그것도 많이. 그리고 똑똑한 선수라면 그런 기회를 살릴 수 있다.

리바운드 공을 차지하는 비결은 아주 간단하다. '리바운드를 예상하라'는 것이다. 대부분의 선수들이 리바운드를 살리지 못하는 이유는 공이 리바운드 되고서야 비로소 그 공을 뒤쫓는다는 것이다. 그들은 선제적인 행동을 취하지 않는다.

슈팅을 했을 때 공격자들과 골문 사이에는 보통 적어도 한 명의 수비수가 있다. 공이 리바운드 되면 그 수비수는 공격수들보다 유리한 출발을 하므로 대개 먼저 공을 소유하게 된다. 리바운드 공을 효과적으로 차지하기 위해서는 이 수비수의 유리한 출발을 무력화해야 한다. 이에는 두 가지가 요구된다: 팀 동료가 언제 슈팅할지를 파악해야 하고 팀 동료의 슈팅을 보면 골문을 향해 돌진해야 한다. 얼마나 간단한가?

수비수들의 유리한 출발에 대처하기 위해서는 리바운드가 실제로 이루어지기 전에 사냥에 나서야 한다. 골문을 향해 돌진해야 하고 공이 리바운드 되기를 '바라야' 한다. 리바운드 공을 사냥하는 비결은 이것이 전부이다. 대다수의 공격수들은 리바운드 공을 따내는 데 선제적인 행동을 취하지 않는다. 그들은 공이 리바운드 될 때까지 기다린 다음 사후적으로 반응한다. 그 때문에 그들은 리바운드 공을 차지하기 위한 경주에서 2등이 된다. 똑똑한 공격수들은 슈팅을 막 시도하려는 순간 '만약의 경우에 대비해' 문전으로 쇄도해야 한다는 사실을 안다.

2011년 우리 조지아 대학교 팀은 의기양양하고 열심히 뛰는 머서(Mercer) 대학교 팀과 경기를 벌여 1 대 1 무승부를 기록했다. 머서는 전반전에 우리를 몰아세웠지만 우리는 하프타임에 전열을 재정비했다. 후반전에는 슈팅수에서 우리가 머서를 15 대 5로 앞섰으나, 실제로 골네트를 가르지는 못했다. 그래서 경기는 골든 골로 승부를 가르는 연장전에 돌입했다. 우리의 신경은 곤두섰는데, 머서에게 진다면 NCAA가 주최하는 시즌 결산 토너먼트에 참가할 기회가 무산되기 때문이었다. 우리에겐 이 경기에서 지거나 무승부가 되는 것은 의미가 없었다. '반드시 이겨야 한다'는 것이 지상과제였다.

연장 전반 9분에 우리 팀의 중앙 공격수 밀러가 골문으로부터 16미터 지점에서 슈팅을 날렸지만 가로막혔다. 그런데 공이 굴절되어 폴록 앞으로 떨어졌고 그는 수비수를 제친 다음 머서 골문을 향해 강력한 슈팅을 날렸다. 골키퍼는 다이빙을 하여 공을 막아내려 하였으나, 공은 골키퍼의 손을 맞고 골라인을 따라 떼굴떼굴 굴러갔고 그 와중에 우리의 왼쪽 윙인 뉴필드가 공을 가볍게 차 넣었다. 뉴필드의 마무리는 간단했지만 골로 연결하기까지의 행동은 대단히 명석한 것이었다. 그건 리바운드 공의 사냥에 있어 진수를 보여준 사례였다.

그 경기를 지켜본 모든 사람이 뉴필드가 폴록의 슈팅을 추적하는 모습을 보았다. 그러나 아마 아무도 중앙 공격수인 밀러가 막 슈팅하려고 할 때 이미 뉴필드가 골문을 향해 달려 들어가는 모습은 알아차리지 못했을 것이다. 밀러의 슈팅이 막히자 뉴필드는 재빨리 뒤로 돌아서 전속력으로 오프사이드 라인을 벗어난 다음 폴록이 슈팅할 준비를 하자 즉시 골문을 향해 다시 몸을 돌렸다. 뉴필드에게 공이 왔을 때 그의 주위에는 수비수가 하나도 없었는데, 그들은 모두 멈춰서서 골키퍼가 공을 막아내는 것을 지켜봤다. 뉴필드는 '혹시' 리바운드가 이루어질지도 모른다고 예상했기 때문에(두 번씩이나!), 경기를 승리로 이끄는 득점을 기록하였고 1500명의 매우 흥분한 팬들 앞에서 영웅이 될 수 있었다. 이제 이만하면 '만약의 경우에 대비해' 5~6미터를 달리는 것이 가치가 있다고 생각하지 않는가?

『여자 선수에게 코치가 절대로 가르쳐주지 않는 모든 것』 (Everything Your Coach Never Told You Because You're A Girl)이

라는 책에서 나는 리바운드 골의 사냥으로 사실상 경기를 이끌어가는 한 팀에 대해 아주 상세히 소개하고 있다. 그 팀은 리바운드 공으로 득점하는 것으로 아주 악명이 높았다. 즉 두 번째 슈팅 기회를 잘 살리는 것으로 명성이 높아지자, 상대편 골키퍼들은 경기가 시작되기도 전에 잔뜩 긴장하곤 했다. 그들 골키퍼는 자기에게 날아오는 모든 슈팅을 매번 잡아내지 못한다면 그 대가를 치르게 된다는 점을 알았다. 그런데 아주 아이러니한 것은 그렇게 겁에 질린 태도에 따라 실제로 공을 떨어뜨리고, 공이 리바운드 되며, 골로 이어지는 경우가 더 많이 나온다는 점이다.

내가 가르친 최고의 골키퍼 중 하나는 모두가 인정하는 (대학) 국가대표급 선수인데, 내가 리바운드 공의 사냥을 좋아하는 이유를 확인해준다. 그는 리바운드가 주기적으로 발생한다고 말했다. 그에 따르면 리바운드 공을 더 사냥할수록 리바운드가 이루어질 가능성이 더 높아지는데, 골키퍼들이 상대편 공격수가 자신을 향해 돌진해 들어올 때 불안해지기 때문이라고 한다.

리바운드 공을 광적으로 사냥하는 선수가 되라. 축구에서 그만큼 최소한의 노력으로 그처럼 커다란 보상을 얻을 수 있는 것은 없다. 리바운드는 경기의 승패를 좌우한다.

코치들을 위한 한마디

리바운드 공의 사냥에는 특별한 재능이 필요하지 않다. 평범한 선수에 지나지 않을 선수를 팀의 승리에 결정적으로 기여하는 선수로 만들 수 있는 정신자세를 갖추면 된다. 나는 미니 게임을 통해 선수들에게 그런 정신자세를 길러주는 것을 좋아한다. 이런 연습에서는 리바운드 공으로 골을 넣었을 경우에 2점을 부여하고 기타 모든 골에는 1점을 부여한다.

제 42 장

유인 작전으로 공을 뺏어라

앞서 우리는 최종 수비수가 공을 빼앗겨서는 안 된다는 것의 중요성을 논의했다. 그런 개념이 한 장에 걸쳐 논의할 만큼 중요하다면, 그 반대인 최종 공격수에 관한 논의도 마찬가지이다. 흔한 예를 들어보자.

A팀이 긴 공중 볼로 공을 걷어내고 B팀의 중앙 수비수가 그 공을 처리하게 된다. 그 중앙 수비수는 공을 발로 잡을 것인가, 아니면 헤딩이나 발리킥으로 걷어낼 것인가를 선택해야 한다. 그의 결정은 상대편 공격수가 가하는 압박에 따라 달라진다. 보통 그 공격수는 질주해 들어가므로 수비수는 공을 도로 상대 진영으로 걷어낼 수밖에 없다. 이 경우에 공격수의 질주는 가상하지만, 그런 질주는 팀에게 아무런 실질적인 도움을 주지 못한다. 이제 더 나은 대안을 제시해보자.

이와 같은 상황에서 당신이 공격수라면 그 수비수에게 제때 도달해서 바로 공을 따내거나 적어도 걷어내기를 방해할 수 있는지 여부를 판단해야 하다. 그렇게 할 수 있다는 판단이 들면 질주해서 그렇게 해보라! 그렇게 할 수 없다면 덫을 놓는 방법이 있다. 그 수비수를 향해 고생고생하며 뛰어가서 그에게 겁을 주어 공을 걷어내게 하는 대신, 그의 앞쪽으로 6~7미터 정도에서 제동을 걸고 그가 공을 트래핑 하도록 유도한다. 일단 그가 애초에 하려던 걷어내기 이외의 다른 것에 몰두하면, 공을 가로채서 수비 라인의 뒤로 들어갈 기회가 생긴다.

이를 효과적으로 수행하는 데에는 두 가지 비결이 있다. 첫 번째는 좋은 배우가 되는 것이다. 그 수비수를 안심시켜 잘못된 자신감에 빠지도록 해야 한다. 그가 공을 처리할 시간이 있으리라고 믿게 해야 한다. 그가 편안히 공을 발로 잡도록 해야 한다. 그렇지 않으면 그는 그저 공을 걷어낼 것이다.

두 번째 비결은 수비수의 몸동작을 읽어내는 당신의 능력이다. 그 수비수는 공이 실제로 자신에게 도달하기 직전에 순간적으로 자신의 의도를 드러낼 것이다. 그가 애초에 하려던 걷어내기와 반대되는 결정을 내렸다는 점을 눈치 챈 즉시, 온 힘을 다해 그에게 바로 질주해 들어간다. 왜냐하면 이제는 정말로 그에게 겁을 줘야 하기 때문이다! 겁을 주어 첫 볼 터치를 잘못하도록 해야 한다. 당신이 자신에게 바로 돌격해 들어올 것이라고 생각하게 해야 한다. 그의 첫 볼 터치가 시원치 않다면 그것을 이용할 수 있다.

이와 같은 작전이 항상 들어맞는가? 아니다. 적어도 항상 들어맞지는 않는다. 어떤 경우에는 수비수가 그냥 아무 생각 없이 공을 걷어낼 것이다. 다른 경우에는 당신이 별 영향을 미치지 못한 채 그가 공을 발로 잡아 다른 곳으로 처리할 것이다. 그러나 괜찮다.

이 작전은 위험 대 보상 비율 면에서 뛰어난데, 당신이 무작정 수비수에게 달려드는 것보다는 결국 더 나은 결과를 얻을 것이기 때문이다. 설령 당신이 직접 수비수로부터 공을 빼앗지 못한다고 할지라도, 대개 이런 유인 작전을 수행하면 당신 팀에 유익한 점이 있을 것이다. 적어도 수비수가 공을 자유로이 걷어내는 경우보다는 더 나은 결과 말이다. 당신은 그 선수를 압박하여 나쁜 패스를 하게 하거나, 형편없이 걷어내게 하거나, 혹은 자신의 팀을 위험에 빠뜨리는 느린 플레이를 하게 할 수 있다. 어쨌든 수비수가 도로 공을 당신 진영으로 걷어내는 경우보다 더 해롭지는 않을 것이다. 그리고 운 좋게도 그의 발에서 공을 빼앗는다면 상대편을 궁지에 몰아넣을 기회를 얻게 된다.

코치들을 위한 한마디

리바운드 공 사냥하기의 경우처럼, 이는 제한된 기량을 가진 공격수에게 여전히 자신이 쓸모 있다는 점을 입증할 기회를 주는 또 하나의 개념이다. 당신의 공격수들에게 이와 같은 유인 작전을 인식하고 수행하는 방법을 가르칠 수 있으면 당신은 자주 상대편을 낮 뜨거운 입장에 놓이게 할 것이다.

제 43 장

펀트킥, 골킥 및 코너킥에서 상대편의 헤딩 능력을 고려하라

골키퍼들에게:

이것을 가능한 한 쉽게 설명하겠다. 펀트킥을 할 때마다 상대팀의 한 선수가 공중 볼에 능해서 곧장 당신 진영의 턱까지 다시 공이 투입되는 일이 반복된다면, 절대로 그 선수 방향으로 킥을 하면 안 된다. 당부하건대 상황을 파악해서 조정을 하라. 거의 모든 팀에서 헤딩을 가장 잘하는 선수의 하나는 대개 수비형 중앙 미드필더이고 그 선수가 보통 당신의 펀트킥을 처리하게 된다. 그 선수가 혼자서 공중 볼을 따내 당신 팀을 위협한다면 그에게 그런 기회를 주지 말아야 한다. 다른 방향으로 펀트킥을 보내라. 오른쪽으로 차도 좋고 왼쪽으로 차도 좋다. 아니면 당신 팀 수비수들에게 볼을 보내는 것도 좋다. 어느 방향이라도 좋으니 좀 상식적으로 생각해서 당신 팀의 목을 조이는 상대편에게는 펀트킥이 날아가지 않도록 한다. 내 말이 타당하지 않은가? 똑같은 논리가 골킥에도 적용된다.

코너킥 및 프리킥 상황에서 상대팀과 일 대 일 매치업에 주의한다. 상대팀에 대한 전력 보고서가 있다면 반드시 당신 팀에서 헤딩 능력이 최고인 선수가 상대팀에서 최고의 헤딩 능력을 가진 선수와 맞대결을 펼치도록 짝지어야 한다. 그런 보고서가 없다면 그냥 신장으로 파악한다. 줄자를 꺼내서 절대적으로 완벽하게 짝 지울 필요는 없다. 그저 170센티미터인 당신의 팀 동료가 186센티미터인 상대편 선수를 마크하지 않도록 하면 된다. 단신 선수가 거인 선수를 맡고 있으면 즉시 바로잡아야 한다.

똑똑한 골키퍼들은 이런 것들에 주의한다. 물론 당신도 그래야 한다.

코치들을 위한 한마디

대부분의 골키퍼들은 펀트킥과 골킥을 얼마나 멀리 차는지에만 신경을 쓰고 그 공이 땅에 떨어졌을 때 어떤 상황이 발생할지에는 거의 주의를 기울이지 않는다. 골키퍼에게 공을 찬 후의 결과에 주의하도록 요구한다. 처음에는 그러기가 쉽지 않을 테지만, 어쨌든 요구한다.

제 44 장

리턴 패스를 차단하라

코치를 미치도록 화나게 하고 싶지 않다면 이제 내가 해주는 충고를 따라라.

상대편 선수들끼리 주고받는 패스를 쫓고 있을 때에는 처음에 공을 패스한 상대편 선수의 패스 경로를 차단하도록 한다. 그러지 않으면 패스를 받은 선수는 곧장 다시 먼저 패스한 선수에게 공을 패스할 것이고 당신은 결국 가운데에 끼인 원숭이 꼴이 될 것이다.

공이 상대편의 발을 떠나면 그 공은 일직선으로 그의 팀 동료에게 전달된다. 그 공을 쫓아가려면 마치 공이 당신을 줄에 매어 끌어당기고 있는 것처럼 공이 일직선으로 지나간 경로를 따라서 쫓아가야 한다. 원래 패스한 선수가 재빨리 이동하여 패스 받을 각도를 변화시키지 않는다면 이제 당신은 그를 리턴 패스의 대안에서 제외하게 된다. 그러면 당신은 한결 자유롭게 최초의 패스를 받은 선수에게 압박을 가할 수 있는데, 그는 자신이 이용할 수 있는 패스 대안 중 하나가 줄기 때문이다. 위에서 언급한 그 일직선을 따라 쫓아가지 않는다면 상대편의 두 선수는 온종일 주거니 받거니 패스할 수 있고 당신은 원을 그리며 마냥 맴돌 것이다.

당신의 포지션에 상관없이 당신은 어느 정도 수비를 해야 할 것이다. 당신이 제1선 수비수라면 적어도 두 가지 일을 하도록 한다: 상대편의 공을 압박하고 상대편이 할 수 있는 패스 대안 중 적어도 하나를 빼앗아라. 최초의 패스를 한 선수를 대안에서 제외시킴으로써 그 일을 시작할 수 있다.

코치들을 위한 한마디

공격수들은 이 개념을 지키지 않는 주범이다. 공격수가 상대편의 왼쪽 수비수에서 중앙 수비수로 전달되는 패스를 정말로 열심히 쫓아간다고 해도 적절한 각도로 쫓아가지 않는다면, 중앙 수비수는 쉽게 왼쪽 수비수에게 공을 다시 패스할 것이다. 그러면 공격수의 수비 노력은 모두 허사가 되고 상대편은 쉽게 압박을 벗어난다.

제 45 장

살인적인 맞바람에 대항해 경기하기

바람이 부는 날에 맨 먼저 내려야 하는 결정은 맞바람이 불 때 그 바람이 경기에 얼마나 큰 요인이 될지를 판단하는 것이다. 바람이 공격을 어렵게 할까? 아니면 바람이 공격을 불가능하게 할까?

어느 날 나는 라스베가스에서 신입 선수를 선발하고 있었는데, 바람이 경기장의 방향대로 바로 북남 쪽으로 아주 심하게 불었다. 바람이 하도 거세서 관중이 일어설 때마다 즉시 의자가 날아가 버렸다. 바람으로 인해 경기는 서커스로 변했다. 그날 나는 센터서클 안에서 찬 프리킥이 골로 연결되는 것을 세 번이나 보았다. 또한 U-15 경기에서 골키퍼가 펀트킥으로 득점하는 것을 보았는데, 그 공은 '두 번' 튀어오른 다음 상대편 골키퍼의 머리 위로 날아 골인되었다! 바람을 마주하고 찬 어떤 골킥은 공중에서 멈추더니 180도 방향을 전환한 다음 빠르게 되돌아와서 엔드라인을 지나 코너킥이 되었다. 바람이 '그 정도로' 강하게 불었다!

그날 모든 경기는 두 가지 상황으로 완전히 구분되었다: 한 번은 바람을 등지고 뛰었고 한 번은 바람을 가슴에 안고 득점하지 못할 상황에서 뛰었다. 그날 기록된 골 하나하나는 모두 동일한 쪽의 골문으로 들어갔다. '하나하나의 골이 모두!'

그토록 강한 맞바람을 받으며 경기할 때 최우선으로 고려할 사항은 경기를 단축시키는 것이다. 90분 경기의 경우에 상대편은 45분 동안 (상당한 이점을 안고) 바람을 등진 채 경기한다. 이 시간에서 1분을 흘려보내게 할 때마다 상대편이 골을 넣을 시간 중에서 1분씩이 사라진다.

물론 경기의 스코어에 따라 접근방법을 달리해야 한다. 예를 들어 경기가 후반전이고 팀이 지고 있다면 시간을 낭비하는 전술은 분명히 당신에게 아무런 이득을 가져다주지 못할 것이다. 그런 상황에서는 그저 그 정도의 바람이라면 견딜 만하고 경기가 불가능한 정도는 아닌 것처럼 경기를 해야 한다. 이제 그 방법에 대해 논해본다.

강하지만 견딜 만한 맞바람을 받으며 경기하고 있다면, 혹은 거센 바람에 대항해서 앞으로 밀어붙일 수밖에 없다면, 모든 것이 당신의 결정에 달려 있다. 당신이 반드시 내려야 하는 첫 번째 결정은 의식적으로 상황에 적응하는 것이다. 경기 방식을 변화시켜야 할지도 모른다. 당신의 축구 인생에서 하나하나의 경기마다 해왔던 경기 방식을 바꿔야 할지도 모른다. 어쨌든 여느 때와 다름없다는 듯이 경기를 할수는 없다. 바람이 불지 않는 것처럼 여기거나 바람이 공에 영향을 주지 않을 것이라고 생각할 수는 없다. 경기 방식을 조정해야 할 것이다. 상황을 받아들여라. 그것이 제1단계 조치이다. 이에 동의할 수 있는가?

공은 공중에서 정체돼 앞으로 나아가지 못할 것이다. 공이 더 높이 올라갈수록 바람의 저항은 더 세질 것이다. 그러므로 분명한 첫 번째 조정은 가능한 한 공을 땅볼로 차는 것이다. 바람이 아주 강력하게 불고 있다면 그것조차 힘들 테지만 그러려고 노력해야 한다. 패스만 꽤 괜찮다면 제아무리 강한 바람이라도 여전히 그 아래를 통해 경기장 위쪽으로 플레이를 펼칠 수 있다.

펀트킥, 골킥, 코너킥 및 심지어 스로인과 같은 공중 볼을 판단할 때에는 상식을 발휘한다. 그런 공중 볼들은 평소에 익숙했던 경우보다 더 깊숙이 날아갈 것이다. 평소에 하던 것보다 더 깊숙이 스타트하고 필요하다고 생각하는 것보다 더 깊숙이 스타트한다. 뒤로 물러나기보다는 앞으로 나아가 조정하는 편이 훨씬 더 쉽다. 그리고 충분한 오차범위를 남겨두도록 한다.

아울러 맞바람이 불 때 강한 바람을 오히려 자신에게 유리하게 이용할 수 있는 두 가지 방법이 있다. 첫 번째 방법은 상황이 허락한다면 상대편 수비 라인 뒤로 공을 때려 넣는 것이다. 바람이 잔잔한 날에는 이렇게 때려 넣는 공들이 대부분 골키퍼에게 굴러가거나 엔드 라인을 넘어갈 것이다. 그러나 강한 맞바람은 공을 저지할 것이고 당신 팀 공격수들은 그 공으로 달려갈 기회를 가질 것이다. 비결은 공이 실제로 상대편의 수비 라인을 넘어가게 하는 것이고, 그러려면 평소보다 공을 더 세게, 아마도 훨씬 더 세게 차야 할 것이다. 기억하는가, 당신은 평소의 경기 방식을 바꾸기로 동의하지 않았는가? 지금이 적기이다. 공이 보통 때만큼 멀리 나가리라 기대하지 마라. 공이 수비 라인을 확실히 넘어가도록 공을 세게 차야 할 것이다. 왜냐하면 그렇게 때려 넣은 패스 중 하나라도 수비 라인 뒤로 간다면 득점을 올리게 할 수도 있기 때문이다.

맞바람을 유리하게 이용하는 나머지 한 방법은 수비와 관련이 있다. 이제 내 개인적인 얘기를 할 텐데 계속 읽어주기 바란다.

나는 고등학교 때 야구팀에서 중견수를 봤다. 우리가 상대했던 어떤 팀은 야구장이 짧기로 악명이 높았다. 홈 플레이트에서 중앙 외야 펜스까지의 거리가 95미터였다. 우리 학교를 포함해 대부분의 학교에서 그 거리는 거의 120미터였다. 나는 경고선(warning track: 외야와 펜스 사이 잔디를 걷어낸 트랙)에 위치하면 되겠구나 생각했는데, 그곳이 내가 그나마 가장 깊숙이 경기할 수 있는 곳이기 때문이었다.

그러나 우리 팀 코치는 아주 현명하게도 정반대의 접근방법을 취했다. 그는 내야의 흙에서 뒤로 약 15미터 떨어진 곳에서 매우 얕은 수비를 하라고 우리에게 지시했다. 지극히 평범한 뜬공도 어차피 펜스를 넘어서 홈런이 될 것이기 때문이었다.

우리는 홈런을 막아내진 못했지만 그 대신에 단타를 막아냈다. 우리의 일은 직선 타구(line drive)가 우리 앞쪽에 떨어져 안타가 되지 않도록 하는 것이었다. 그것은 기적같이 성공했다. 우리는 안타가 될 수도 있었던 공을 많이 잡아냈고 코치가 예견한 대로 어쨌든 뜬공은 거의 대부분 경기장 밖으로 나가 홈런이 됐다. 그로부터 15년 후 나는 축구장에서 강풍과 싸우기 위해 이 전략을 적용했다.

우리는 뒤쪽으로 처져 수비하는 대신 가능한 한 수비 라인을 위쪽으로 올려 유지했다. 우리의 목표는 상대편이 땅볼로 경기하지 못하도록 하는 것이었다. 즉 상대편이 자기 공격수들의 발로 패스할 수 없도록 해서 어쩔 수 없이 공이 우리 수비 라인의 머리 위로 넘어가게 했다. 바람이 잔잔한 날에는 이런 전략이 수비 라인의 와해를 초래했을 테지만, 바람이 아주 강력하게 공을 미는 상황에서는 상대편 공격수들이 수비 라인을 뚫는 스루 패스를 결코 받지 못했다. 우리의 수비 라인 뒤를 공략하려는 그들의 시도는 모두 엔드라인을 넘어가거나 골키퍼가 쉽게 처리할 수 있는 공이 되었다. 그 전략은 기가 막히게 맞아 떨어져서 우리는 2 대 0 승리를 거두었다.

강한 맞바람을 받는 상황에서 경기할 때에는 골키퍼가 페널티 에어리어 밖으로 나와서 적극적으로 플레이하도록 해야 하는데, 그러면 상대편의 스루 패스를 많이 차단할 수 있을 것이기 때문이다.

코치들을 위한 한마디

당신이 경기에 큰 영향을 미칠 외부 조건에 직면해 있을 때에는 '경기가 시작되기 전에' 선수들에게 그에 따라 조정해야 할 사항들을 이해시키도록 한다. 학습곡선(learning curve: 새로운 것을 배우는 데 걸리는 시간을 도표로 나타낸 것)을 평평하게 할 필요가 있다. 즉 경기가 시작된 지 20분이 경과한 후 선수들이 그런 조건에 적응하기 시작하는 것은 바람직하지 않다. 이와 같은 경기를 앞두고 나는 선수들에게 평소의 경기 방식을 변화시켜야 한다는 사실을 반드시 인식시키고, 내가 말하는 내용을 그들이 이해하고 있는지 내게 말하도록 고집한다.

제 46 장

바람을 등지고 경기하기

등 뒤에서 불어오는 강한 바람은 그 사용법을 '안다면' 큰 도움이 될 수 있다. 각 팀은 경기 중 절반만 그런 바람을 맞이하게 되므로 당신은 그저 경기장을 지배하는 것 이상의 플레이를 해야 한다. 그런 바람이 뒤쪽에서 불어올 때 반드시 득점하는 방법을 찾아야 한다. 바람을 등에 업고서도 그 효과를 보지 못하고 득점하지 못한 채 하프타임을 맞이한다면, 당신이 한 일이란 고작 상대편에게 사기를 진작시켜 주고 경기에서 승리할 수 있는 아주 좋은 기회를 건네준 것이 된다.

강한 바람을 등지고 경기할 때 고려해야 하는 몇 가지 사항은 다음과 같다.

먼저 공이 가능한 한 많이 경기장 내에 머무르도록 해야 하므로 도움을 청하라. 앞장에서 언급했던 그 라스베가스 경기에서 골대를 벗어난 슈팅이 종합운동장 구석까지 200미터 정도 더 굴러가서, 상대편이 골킥을 부여받을 때마다 경기 시간에서 1분씩이 허비된다는 점을 공격 팀이 머지않아 알아챘다. 그래서 선수 부모들이 골문을 빗나간 공을 막기 위해 상대편 골문 뒤에서 인간 울타리를 만드는 데 적극적으로 협력했다. 일단 한 팀이 그렇게 하자, 다른 모든 팀의 부모들도 따라했다(공식 경기에서는 볼보이/볼걸이 지정되어 있고 일반인들은 운동장에 내려갈 수 없다).

공격수들이 공을 발 앞으로 받게 해야 한다. 대부분의 팀들이 바로 이 점을 모른다. 등 뒤에서 불어오는 강한 바람으로 인해 찬 공이 더 멀리 날아가는 상황에서 대부분의 선수들은 상대편 수비 라인을 가르는 스루 패스를 하거나 볼을 머리 위로 넘겨야 한다는 의무감을 느낀다. 그러나 이는 함정이다! 강한 바람으로 인해 이런 볼들은 엔드라인을 넘어가거나 골키퍼에게 안긴다. 강한 바람을 탈 때에는 경기장을 차근차근 공략해 들어가야 한다. 일단 당신이 미드필드에 가까워졌으면, 페널티 에어리어의 모서리 쪽으로 꺾는 스루 패스를 한다. 직선으로 찬 공은 결국 경기장 밖으로 나가거나 골키퍼의 손에 들어가서 귀중한 시간이 재깍재깍 흘러갈 것이다. 뒤쪽의 바람이 스루 패스에 미칠 영향을 예측하지 못한다는 것은 그 바람이 제공해줄 이점을 그냥 낭비해버리는 셈이다.

코너킥을 할 때에는 공이 경기장 안에 떨어지도록 한다. 바람은 공이 경기장 안에 있을 경우에만 당신을 도울 수 있다. 평소에 골 에어리어를 목표로 하였다면, 이런 경우에는 페널티킥 지점을 향하도록 목표를 조정한다.

그리고 리바운드 공을 사냥하라! 바람이 세게 부는 날에는 공의 궤적이 변화무쌍할 가능성이 더 많기 때문에 리바운드 공이 나오기가 유난히 쉽다. 그러므로 팀 동료가 슈팅할 준비를 할 때면 언제나 골문으로 쇄도한다.

성공 확률이 형편없는 슈팅을 우겨 넣어서는 안 된다. 현실적인 판단이 필요하다. 강한 뒷바람이 불면 슈팅한 공이 바람의 도움을 받아 골로 연결되리란 희망에서 성공 확률이 낮은 슈팅을 하기 시작한다. 그런 슈팅들은 대개 골대를 넘어가거나 골문으로부터 많이 빗나가서 귀중한 시간이 재깍재깍 흘러가게 된다. 물론 바람이 당신에게 어느 정도 추가로 파워를 실어주고 슈팅 거리를 늘려주겠지만 기술적인 실패를 보완해줄 수는 없다. 당신은 여전히 몸의 균형을 잡고 좋은 테크닉을 구사해야 한다.

코치들을 위한 한마디

강한 바람을 등지고 있을 때에는 전반전이라도 승부수를 띄워야 할 수도 있다. 바람 때문에 상대편이 공격을 감행하기가 매우 어려울 거라면 체제와 인원에 대한 조정을 고려해야 한다. 수비수 4명을 3명으로 전환해서 공격수를 늘릴 수도 있다. 유난히 빠른 수비수가 있다면 그 선수를 전진 배치시킬 수도 있다. 명심해야 할 것은 경기의 승리에 활용할 수 있는 시간은 90분이 아니라 45분이라는 점이다.

제 47 장

수중전

강한 바람을 다룬 앞의 두 장에서 논의했던 바와 마찬가지로, 경기장이 비에 젖어 있을 때에도 평소의 경기 방식을 조정할 준비를 해야한다. 바람에 대처할 때에는 전반과 후반의 상황이 정반대가 되어 한번은 맞바람, 한 번은 뒷바람에 맞게 조정해야 한다. 그러나 비가 올때에는 상황이 90분 내내 양 팀에게 기본적으로 동일하다. 이런 상황에서는 먼저 조정에 나서는 팀이 큰 이점을 확보하여 경기에 승리할수 있다. 수중전에 대처하는 몇 가지 전략은 다음과 같다.

비오는 날에는 그에 적합한 신발, 즉 징을 붙였다 뗐다 할 수 있는 나사형 축구화(screw-ins)를 신도록 한다. 경기장이 비에 젖어 있을때 나사형 축구화를 신으면 발 디딤을 확고히 할 수 있다. 방향 전환시 계속 넘어진다면 축구 선수로서 아무 쓸모가 없다. 돈을 투자해서 나사형 축구화를 한 켤레 구입하라. 사실 두 켤레를 장만하라. 왜인지는 계속 읽어보면 안다.

가능하면 언제나 축구화와 스타킹을 한 벌씩 더 준비해서 경기에 나서야 한다. 수중전인 경우에는 하프타임에 축구화와 스타킹을 갈아 신어야 하기 때문이다. 축구화가 흠뻑 젖어 있으면 다리에 1킬로그램 이상을 추가해서 다니게 되는 셈이다. 전반전을 마쳤을 때보다 더 가볍고 보다 빠르게 후반전을 시작한다면 얼마나 산뜻하겠는가? 팀에 여유가 있다면 마른 새 유니폼으로 갈아입도록 한다.

수중전에서는 공의 첫 바운스를 잘 예측해야 한다. 젖어 미끄러운 경기장에서 직선으로 날아오는 공중 볼은 첫 바운스에서 속도가 붙을 것이다. 이런 공은 대부분 그런 상황에 적응하는 법을 터득하지 못한 선수를 지나칠 것이다. 그러므로 공이 공중으로 날아오면 발을 움직여 그 공의 이동 경로로 몸을 옮겨야 한다. 그 볼을 컨트롤할 수 없다면 적어도 공이 당신 뒤로 지나치지 못하도록 한다. 이는 특히 수비수들이 터득해야 하는 중요한 요령이다. 그렇지 않으면 공은 당신을 빠르게 지나쳐서 당신 팀은 심각한 위험에 처할 것이다.

이와는 반대로 비에 젖은 경기장에서 공이 수비수 앞에서 막 바운스 되면 영리한 공격수는 도박을 할 좋은 기회를 맞을 수 있다. 일반적으로 수비수가 상대편이 걷어낸 공을 막 받으려 할 때 압박해 들어가는 공격수는 그 수비수가 드리블로 전진하지 못하도록 하기 위해 골문을 바라보고 위치를 잡게 된다. 그러나 공이 그 수비수 앞에서 바운스 될 것 같아 보이면 공격수는 평소와 같은 자신의 방어 임무를 포기하고 대신 공이 수비수를 지나칠지도 모른다는 요행수를 바라면서 수비수의 뒤로 달려 들어갈 수도 있다. 그 도박이 성공하면 공격수는 단독으로 달려 들어가 골을 넣을 것이다. 여기서 비결은 공의 비행과 공이 수비수 쪽으로 다가올 때 수비수의 몸동작을 읽는 것이다. 공격수는 그런 도박을 하기 전에 공이 수비수를 지나칠 것이라고 진정으로 믿어야 한다. 공격수가 그런 고려를 하고 있지 않다면 그는 그 순간 자신의 수비 임무를 게을리 하고 있는 것밖에 아무것도 아니다.

또한 비에 젖은 경기장에서는 리바운드 공이 아주 많이 양산된다. 공이 젖어 있어서 골키퍼는 특히 빠른 속도로 통통거리며 굴러오는 공을 잡기가 어렵다. 이때 공격수들은 슈팅을 골대 안쪽으로 향하도록 하는 것이 무엇보다 중요하다. 젖은 경기장에서 첫 번째 슈팅은 종종 두 번째 슈팅을 낳는다. 그러나 팀 동료들이 리바운드 공을 사냥하기 위해 골문으로 쇄도하지 않는다면 그 무엇도 의미가 없을 것이다. 심지어 마른 경기장에서도 리바운드 공을 따내기 위한 열쇠는 골키퍼가 공을 막아내기 전에 리바운드 공이 나오리라 예상하는 것이다. 젖은 경기장에서는 골키퍼가 공을 도로 땅으로 쳐낼 가능성이 높다.

지금까지 우리는 젖은 경기장에 대해 얘기했다. 그러나 어떤 날에는 비가 너무 많이 와서 고인 물로 경기장에 물웅덩이가 생기는 경우가 있다. 이제부터 나머지 부분은 경기장에 물이 너무 많이 고여서 시합을 중지시키기 직전인 상황에서 경기하는 경우에 대해 논한다.

첫 번째 열쇠는 당신이 상황을 바꿀 수 없으므로 그저 평소 하던 경기 방식을 바꿔야 한다는 사실을 받아들이는 것이다. 평소의 경기 스타일을 완전히 버려야 할지도 모른다. 인생이란 그런 것이다. 축구도 예외일 수는 없다. 꿈쩍도 하지 않는 벽에다 머리를 '꽝' 하고 부딪치지 마라. 조정을 하면 된다. 만일 땅에서 경기를 할 수 없을 정도라면, 경기를 공중전으로 몰고 가면 된다.

조지아 대학교 선수들은 볼 소유를 통해서 경기를 지배하는 팀이라고 자처한다. 우리는 공을 지면으로 유지하고 연속적으로 패스를 이어가길 원한다. 우리는 상대팀이 우리를 쫓아오게 하길 원한다. 그러나 인생이 항상 우리가 원하는 대로 풀리는 것은 아니다.

2010년 우리는 아칸소 대학교를 상대로 홈경기를 가졌다. 경기장은 전반전에 젖어 있었으나, 하나의 큰 물웅덩이를 제외하곤 그런대로 경기를 할 만한 상태였다. 전반전 종반에 하늘 문이 열리고 양동이로 퍼붓듯이 폭우가 쏟아졌다. 경기장 전체에 물이 고였다. 공을 땅볼로 5미터 이상 패스하는 것은 사실상 불가능했다. 공은 그저 물웅덩이에서 딱 멈추곤 했다. 드리블도 쓸모없었다. 공을 드리블해 앞으로 나아가는 선수들은 필연적으로 웅덩이에 딱 멈춘 공보다 앞서 뛰어가곤 했다. 공을 앞으로 나아가게 하는 유일한 방법은 공중을 통해서였다.

전반전을 마치고 하프타임에 우리는 선수들에게 공중으로만 공을 패스하라고 지시했다. 아무도 상대편 선수를 놓고 드리블을 시도하는 것이 허용되지 않았다. 가능하면 언제나 우리 선수들은 첫 볼 터치로 공을 앞으로 세게 차되 '공중으로' 차야 했다. 우리는 절대적으로 필요한 경우를 제외하곤 선수들이 공을 트래핑하지 못하도록 했다. 우리의 목적은 공을 띄우고 가능하면 언제나 공을 상대편의 페널티 지점으로 겨냥해 차는 것이었다. 열쇠는 공을 아칸소의 골문 앞으로 가져가는 것이었다. 그런 상황에서 공을 위협적인 곳으로 투입할 수만 있다면 어떤 일이든지 발생할 수 있다. 그런 상황에서는 멋진 골을 기록하지 못할 것이므로 우리는 그저 볼품없는 골이라도 득점하기 위해 최선을 다했다.

한 가지 특이하게 효과적인 작전은 물웅덩이에서 공을 받은 선수들이 마치 곡예를 하듯 첫 볼 터치로 물에서 공을 퍼 올리는 것이었다. 일단 공을 물웅덩이에서 걷어 올린 다음, 그 선수가 큰 발리킥으로 경기장을 따라 앞쪽으로 공을 세게 찰 수 있었다.

경기장이 고인 물로 가득 차면 더 이상 멋진 축구는 되지 못한다. 이제는 영역 싸움이 된다. 공을 공중으로 띄워 경기장 앞쪽으로 그리고 상대편 골문 앞으로 차라. 멋진 골이 오늘 경기의 메뉴가 아니라면 볼품없는 골이라도 득점하기 위해서 최선을 다하라.

코치들을 위한 한마디

경기 전 준비운동에서 선수들에게 25미터 이상의 거리에서 서로 휘는 공을 차서 공이 한 번 바운스 된 후 목표 지점에 이르도록 하는 연습을 시킨다. 선수들에게 그 첫 바운스가 공의 진행 방향에 어떻게 영향을 미칠지를 알게 하고 발을 움직여 공의 진행 경로로 몸을 옮기도록 한다.

제 48 장

레드카드 수수께끼

당신은 보상 판정(make-up call)이란 말을 들어본 적이 있을 것이다. 한 야구 심판이 한가운데로 들어오는 강속구를 보고 볼이라고 선언한다. 그 다음에 투수가 던진 공은 스트라이크 존과는 거리가 먼데도 스트라이크가 선언된다. 한 농구 심판은 한 팀에게 파울을 선언한 것을 후회해서 상황을 공평하게 하기 위해 상대팀에게 재빨리 실제로는 파울이 아닌데도 파울을 만들어준다. 축구를 포함하여 모든 수준의 모든 스포츠 경기에서 이와 같은 현상을 보게 된다.

결단력 있는 좋은 심판은 자신의 마지막 판정이 그 다음 판정에 영향을 미치게 하지 않는다. 운 좋게도 이런 심판이 당신 팀의 모든 경기에서 주심을 맡는다면 이 장은 해당사항이 없을 것이다. 그러나 세계 정상급의 심판으로부터 세계 정상급의 판정을 받을 만큼 당신이 항상 축복받은 사람은 아닐지도 모르기 때문에 계속 읽어주기 바란다.

모든 축구 심판은 경기에 중대한 영향을 미치게 될 판정을 내리길 기피한다. 그런 판정은 심판을 경기 결과에 영향을 미치는 한 요인이 되게 하기 때문에 심판들은 애써 그런 고민거리를 찾지 않는다. 특히 심판들은 페널티킥을 주거나 레드카드를 꺼내길 원하지 않는다.

실제로 심판이 되고자 하면 냉철한 면이 있어야 함에도 불구하고, 심판들도 속마음은 인간이라는 점을 기억해야 한다. 그들은 공정함을 원한다. 그들은 한 팀에게만 현저히 유리하게 판정하길 원하지 않고 경기의 흐름을 뒤바꿔놓을 판정으로 인해 자신들에게 쏟아질 엄청난 적대감을 원하지 않는 것이 분명하다. 그 때문에 심판들은 가능한 한 이런 판정을 내리길 꺼린다. 대부분의 심판들은 실제로 어쩔 수 없이 궁지에 몰릴 경우에만 페널티킥을 불거나 레드카드를 꺼낸다. 그래서 당신 팀이 이런 판정으로 이득을 얻었다면 경기가 끝날 때까지 '몸조심'을 해야 한다.

이 세상의 모든 심판은 이 점에 대해 나에게 따지려들 것이나, 나는 그런 경우를 수없이 많이 보아왔다. A팀이 페널티킥을 얻어냈을 때 B팀은 경기가 끝나기 전에 한 개의 페널티킥을 얻을 가능성이 있다. 그리고 A팀이 '두 개'의 페널티킥을 얻는 수혜를 받았다면 나는 B팀이 적어도 한 개의 페널티킥을 얻어내리라고 장담한다. 레드카드의 경우도 마찬가지이다. 심판은 경기 결과에 결정적인 영향을 미치는 요인이 되길 원하지 않는다. 그래서 경기의 흐름을 바꿔놓는 판정을 내린 후 주기적으로 인간 본성에 굴복하여 상황을 공평하게 할 기회를 모색할 것이다. 사람의 마음이란 다 그렇다. 그러니 당신은 심판의 속마음을 예상하고 그에 따라 조정해야 한다.

심판이 상대팀의 한 선수를 막 퇴장시켰다면 당신은 조심하며 경기에 임해야 한다. 이 시점에서 당신은 이제 평범한 파울이 옐로우 카드를 받는 파울이 되고 옐로우 카드에 해당하는 파울은 레드카드를 받는 파울이 된다고 가정해야 한다. 일단 상대편 선수가 퇴장 당했다면, 심판이 상응하는 조치를 물색 중이라고 가정하고 당신의 경기를 조정해야 한다. 상대편 선수를 발로 걸어 넘어뜨려서는 안 된다. 판정을 따지고 들어서도 안 된다. 그저 씩 웃고 참으면서 당신이 할 수 있는 가장 깨끗한 플레이로 경기에 임한다. 심판이 자신의 수첩에 당신을 기록할 변명거리를 주지 않아야 한다. 이는 별로 공정하지 않은 것처럼 보일지도 모르지만, 그것이 축구 세계가 돌아가는 이치인 걸 어쩌겠는가.

당신 팀이 페널티킥으로 득점을 올렸다면(특히 그 페널티킥으로 팀이 리드하고 있다면) 페널티 에어리어 안에서는 아주 조심스럽게 플레이해야 한다. 일부 심판은 자신들이 당신 팀에게 주었다고 생각하는 혜택을 상쇄시키기 위해 책잡는 우스운 버릇이 있다. 그리고 그건 반드시 페널티킥과 같은 극단적인 것으로 시작되지는 않는다.

2010년 미국과 슬로베니아 간의 월드컵 경기에서 나온 충격적인 장면을 예로 들 수 있는데, 후반 40분에 터진 미국 선수 에두(Maurice Edu)의 골은 있지도 않은 파울로 인해 인정되지 않았다. 그 골은 슬로베니아의 수비 1/3 지역에서 심판이 미국에게 프리킥을 부여하면서 시작됐다. 도노반(Landon Donovan)이 슬로베니아 골문 앞쪽으로 프리킥을 띄우자 에두가 통렬한 발리슛으로 골을 넣었다. 이때 심판이 파울을 선언해 골을 인정하지 않았는데, 문제는 미국 선수 중 누가 파울을 범했는지 적시하지 않았다는 점이다.

내 생각에는 심판이 애초에 파울을 선언한 것 자체를 후회한 나머지 미국 팀이 프리킥을 차자마자 즉시 이번에는 미국 팀에게 파울을 선언함으로써 상황을 공평하게 하려고 작심한 것으로 보이며, 이는 나만의 생각이 아니다. 비디오 판독에서 주심이 선언할 만한 파울은 오히려 슬로베니아 팀에게 있었던 것으로 확인되었는데, 이로 보아 주심은 도노반이 프리킥을 차기 위해 다가설 때 이미 휘슬을 불 준비가 되어 있었음이 틀림없다. 이는 전형적인 보상 판정이었고 엄청난 후폭풍을 불러일으켰다.

월드컵은 세계 최고의 선수들뿐만 아니라 세계 최고의 심판들도 선보이는 공개행사이다. 세계 최고의 심판 중 하나가 인간 본성의 희생물이 될 수 있다면 당신이 출전하는 경기의 심판이 죄책감에 따른

반사행동을 할 가능성을 과소평가하지 말아야 한다.

똑똑한 선수들은 경기의 흐름을 변화시키는 이런 상황을 알아차리고 그에 따라 자신의 플레이를 조정한다. 그들은 보상 판정으로 상황을 공평하게 하려는 심판에게 쉬운 빌미를 제공하지 않기 위해 매우 조심한다.

코치들을 위한 한마디

이는 당신이 비싼 대가를 치르지 말고 배워야 하는 또 하나의 교훈이다. 이를 선수들에게 교육시켜서 그런 상황이 올 경우에 대비하게 해야 한다.

제 49 장

공이 골라인에 떨어지면 득점을 자축하라

이런 상황을 이미 경험한 사람이 적지 않을 것이다. 아직 경험하지 못했다면 언젠가는 하게 될 것이다.

당신 팀의 누군가가 슈팅한 공이 크로스바 밑을 강타한 후 거의 일직선으로 굴절되어 떨어지는 경우가 있다. 공은 골라인에 떨어진 다음 곧장 위로 바운스 되는데, 바로 이때 대혼란이 시작된다. 내 경험으로 보면 이때 심판이 잘못된 판정을 내릴 확률이 적어도 옳은 판정을 내릴 확률만큼 된다. 그 때문에 심판들에게 당신의 도움이 필요하다.

우선 이와 같은 상황에서 당신이 먼저 공에 도달하고 그 공을 골문 안으로 집어넣을 기회가 확실히 있다면, 그렇게 하라! 그러면 심판의 판정에서 온갖 의문거리가 제거된다. 설령 공이 골라인을 넘어갔다고 확신한다고 할지라도 쓸데없이 운에 맡기지 말라. 공이 물리적으로 골네트에 닿도록 최선을 다해야 한다. 당신 팀이 애써 벌어놓은 골을 심판이 빼앗아갈 여지를 주지 말라.

당신 팀에서 아무도 공을 골네트로 우겨넣을 기회를 가지지 못할 경우에 심판은 흔히 그 근처에 있는 선수들의 반응에 따라 결정을 내릴 것이다. 영리한 골키퍼라면 그 공을 낚아챈 다음 페널티 에어리어 끝까지 달려가서 마치 아무 일도 없었던 것처럼 펀트킥을 날릴 것이다. 공이 골키퍼의 발을 떠날 때까지 심판이 그걸 골로 선언하지 않았다면 그 심판은 결코 그러지 않을 것이다. 골키퍼의 반응이 심판의 결정에 영향을 미치는 유일한 요인이 되도록 상황을 방치해서는 안 된다.

공이 골라인을 넘어갔다는 점을 안다면 심판이 확인해주리라고 기대해서는 안 된다. "글쎄요??? 제가 보기에는 골 같은데, 당신이 보기에는 어때요?"라는 표정을 지어서는 안 된다. 심판의 대답을 기다려서는 안 되는데, 당신이 원하지 않는 판정을 내릴 확률이 매우 높기 때문이다. 이런 상황에서는 심판이 골 판정을 내리고 싶어하지 않는다. 그가 골을 넣지 못한 팀에게 골을 만들어주고 싶어하지 않는 점은 분명하다. 심판들의 오심 경향을 보면 노골을 골로 판정하는 경우보다 골을 노골로 판정하기가 더 쉽다.

이와 같은 상황에서는 심판에게 상황에 대한 당신의 감정 상태를 적나라하게 보여주도록 하라. 즉 공이 골라인을 넘어서는 때 즉각적으로(다시 한 번 강조하지만 '즉각적으로') 월드컵에서 막 우승한 것처럼 자축하라! 당신의 반응은 정상보다 더 커야 한다! 그래야 공이 골라인을 넘어간 것에 한 치의 의심도 없다는 뜻이 심판에게 전달되기 때문이다. 방금 일어난 일에 대해 전혀 의문이 없다는 점을 심판에게 확신시켜라. 그가 상대편에 유리하게 판정하는 것을 불가능하게 하라. 그로 하여금 오직 바보 천치만이 그토록 완벽하게 멋진 골을 인정하지 않을 것처럼 생각하게 하라. 그런 행동은 경기를 승리로 이끌 것이다. 언제 어느 곳에서든 반드시 그럴 것이다.

코치들을 위한 한마디

이는 어느 팀에게도 일어날 수 있다. 이 점을 누누이 지도하고 내 말을 믿어라. 그런 일은 일어날 것이다. 단지 언제 그리고 어디서인지를 모를 따름이다. 당신이 2분의 시간을 내어 이를 선수들과 검토하는 것은 그만한 가치가 있다.

제 50 장

경기에서 이기고 있을 때의 시간 관리

남자 축구와 여자 축구 간에 확연히 드러나는 전술상의 차이가 하나 있다면 바로 이것이다. 시간 관리란 개념을 가지고 경기에서 리드하고 있을 때 시간을 끄는 방법을 터득한 채 대학 축구 수준에 올라오는 여자 축구 선수는 극소수라는 점이다.

중요한 것은 한 골 차의 리드라도 경기에서 이기는 데 충분하다는 점이다. 경기에서 한 골 차로 앞서 있고 남은 시간이 10분이며 상대편이 동점골을 얻기 위해 수단방법을 가리지 않고 덤벼들 때, 다른 무엇보다도 그들의 명분을 도와주어서는 안 된다!

물론 간발의 차이로 겨우 리드를 지키고 있으면서도 빠른 스로인 또는 프리킥을 함으로써 당신 팀이 이득을 보게 될 경우가 분명히 있다. 일부 경우에 신속한 경기 재개로 인해 실제로 당신은 시간을 더 끌거나 상대편의 추격 의지를 꺾을 추가골을 만들 수 있다. 이 장에서는 그런 경우는 논외로 한다.

경기 시간 중 단 몇 초라도 시간을 벌 수 있는 몇몇 기본적인 방법을 소개하면 다음과 같다.

멋진 플레이를 하려 하지 마라

당신 팀이 거센 압박을 받는 와중에 당신이 중간 1/3 지역에서 그 압박에서 벗어난다면, 공을 경기장 위쪽으로 멀리, 가급적이면 수비 라인을 넘어서 코너 쪽으로 세게 차는 것을 두려워하지 말아야 한다. 상대편을 자기 진영 깊숙이 후퇴시켜 공을 회수하도록 만들 기회가 있었음에도 그런 플레이 대신 상대편 수비 라인 아래에서 짧은 패스를 하는 사례를 너무 많이 보아왔다. 그런 패스가 인터셉트라도 당하면 시간을 벌고 상대편의 힘을 빼도록 만드는 대신 오히려 상대편이 우리의 목 바로 앞까지 공을 치고 올라온다. 인간의 모든 일에 다 예술가가 필요한 것은 아니다. 도랑을 파는 노동자도 나름 중요한 역할을 한다. 당신 팀이 살얼음판 같은 리드를 지키고 있는 경우에는 멋진 플레이가 중요하지 않다. 경기에서 이기는 것이 중요하고, 그것이 유일하게 중요한 것이다.

제발 상대편에게 공을 주워주지 마라

상대편이 공을 주우며 보내는 시간은 상대편이 동점골을 올리기 위해 사용해야 하는 시간에서 잃어버리는 시간이다. 상대팀이 프리킥을 얻어낸다면 상대팀 선수가 직접 공을 주워서 프리킥 지점에 도로 갖다 놓게 하라. 설령 그 공이 당신의 발 앞으로 굴러 와서 축구화 등에 멈춘다고 하더라도 공을 다시 상대편에게 차주지 마라. 상대편이 와서 가져가도록 놔두라. 이 규칙은 벤치 선수들에게도 적용되는데, 그들도 경기를 망쳐놓을 수 있기 때문이다. 공이 막 바운스 되어 터치라인을 넘어가려고 할 때 잽싸게 비켜서라! 당신이 어느 팀의 선수인지 기억하라!

상대편에게 옐로우 카드를 주라고 하지 마라

이는 내가 매년 보게 되는 또 하나의 상황으로 황당할 따름이다. A팀이 경기 종료 2분을 남겨 놓은 상태에서 한 골 차 리드를 필사적으로 지키려 한다. B팀이 전원 압박을 펼치는 가운데 A팀의 한 선수가 압박에서 벗어날 기회를 가진다. 그때 B팀의 한 선수가 역습을 막기 위해 파울을 범한다. 그건 심한 파울이고 아마도 옐로우 카드를 받을 만하다. 바로 이때 A팀은 일제히(코치를 포함해) 소리를 질러서 경고 카드를 요구한다. 심판은 심리적인 압박을 느낀 나머지 파울을 선언하고 옐로우 카드를 주기 위해 경기 시간을 정지시킨다.

그런 상황에서 당신이 심판에게 절대로 하길 바라지 않는 한 가지가 있다면 경기 시간을 정지시키는 것이다. 그냥 프리킥 상황으로 가면 당신은 프리킥을 차기 위해 이런 저런 준비를 하면서 전광판에서 30~40초를 확실히 흘려보낼 수 있다. 대신 경고 카드를 주는 상황이 벌어지면 심판은 시계를 멈추고 파울을 범한 선수는 경기의 막판에 큰 의미가 없는 옐로우 카드라는 가벼운 처벌을 받는다.

그까짓 옐로우 카드가 당신에게 무슨 이득이 되겠는가?(그 옐로우 카드가 심판의 수첩에 두 번째로 기록되는 파울이 아니라면) 그로 인해 당신은 순간적으로 죗값을 받아냈다는 대단한 정의감을 느낄지도 모르지만 그것이 전부이다. 파울 선언 후 시계가 멈췄으니 경기 종료까지 2분이 고스란히 남아 있다! 혹을 떼러 갔다 혹을 붙이고 오는 꼴이 되지 마라. 경기의 흐름을 크게 볼 줄 알아야 한다. 그깟 옐로우 카드로 당신이 무엇을 얻겠는가? 경기 막판 2분을 남긴 상황에서 그 선수가 다시 한 번 옐로우 카드를 받을 가능성이 있겠는가? 내 말을 명심하라. 상대편이 옐로우 카드라는 벌을 면하게 해서 그냥 시간이 흘러가게 하는 편이 당신에게 낫다.

그리고 말이 나온 김에 말인데, 이 경우에 절대로 '당신 자신도 옐로우 카드를 받지 않도록 하라!' 2009년 미시시피 대학교에서 열린 경기에서 우리 팀은 멤피스 대학교를 상대로 가까스로 1 대 0 리드를 지키고 있었다. 우리는 정규 시간 종료 10초를 남긴 상태에서 우리 골문 정면 23미터 지점에서 파울을 했다. 우리 팀 선수 중 한 명이 멤피스 팀의 재빠른 경기 재개를 원하지 않은 나머지 프리킥 볼 앞에 서 있었다. 그런 행위는 적절한 타이밍에 뒤로 물러섰다면 괜찮았을 텐데, 그 선수는 그러지 않았다. 관중들의 함성이 너무 커서 우리가 공에서 물러나라고 소리치고 고함을 지르며 애걸복걸하는 소리를 그 선수가 들을 수 없었던 것이다.

심판은 그에게 옐로우 카드를 주기 위해 2초가 남은 상태에서 시계를 정지시켰다. 그래서 멤피스는 경기가 끝나가는 혼란의 와중에 서둘러서 허둥지둥 슈팅을 날리는 대신, 자신들이 선호하는 선수에게 프리킥을 시키고 나머지 팀 동료 10명을 우리 골문 앞에 배치하는 여유를 가지게 되었다. 다행히도 그 슈팅은 크로스바를 넘어가서 우리는 승리하였으나, 우리는 상대편이 동점을 얻도록 도와주기 위해 최선을 다한 것이 분명하다.

스로인 및 코너킥을 할 때 뛰어가지 마라

왜인가? 그건 지극히 바보 같은 행동이기 때문이다. 사실 시간을 벌어야 하는 상황에서 공이 경기장 밖으로 나가면 공에 가장 가까이 있는 선수가 스로인을 하거나 코너킥을 차면 안 된다. 공이 라인을 넘어갈 때에는 거기서 멀리 떨어져라. 경기장의 중앙 쪽으로 걸어가는 것도 하나의 방법이다. 공이 마치 병을 전염시키는 것이라도 되는 듯이 공에서 멀리 떨어져라. 동료들 가운데 공에서 더 멀리 떨어져 있는 한 명이 오래 걸어 터치라인에 이르도록 한다. 그가 경기를 재개하는 데 걸리는 시간이 더 길 것이므로 시간이 더 흘러갈 것이다.

직접 공을 주우러 가라

대학 수준의 축구 경기에서는 경기장 전체에 볼보이가 배치된다. 열심히 공을 주워 나르는 볼보이보다 경기 시간을 더 효과적으로 지켜주는 것은 없다. 공이 경기장 밖으로 나가자마자 그들은 아주 재빨리 또 다른 공을 사용할 수 있도록 갖다놓는다. 경기에서 이기고 있을 때 부지런한 볼보이는 당신의 적이다. 그러나 간혹 그들을 경기 보조에서 배제할 기회가 있을 것이다.

가능하면 언제나 볼보이가 볼을 던져주도록 하지 말고 별 생각 없는 것처럼 조깅하여 경기장 밖으로 나간 공을 직접 주워온다. 그러면 당신은 경기 시간을 어느 정도 더 흘려보낼 수 있을 것이다. 이는 특히 슈팅한 공이 골문을 벗어나는 경우에 골키퍼에게 해당된다. 다른 공을 달라고 요청하면서 골문에 서 있지 말아야 하는데, 볼보이가 교체용 공을 던져주는 데는 3~4초 정도밖에 걸리지 않기 때문이다. 대신에 경기장 밖으로 나간 공을 직접 찾으러 가라. 그 과정에서 볼보이가 거기에 서 있는 것을 못 본 척해야겠으나, 대개 그건 문제가 되지는 않는다. 이는 경기 시간을 상당한 정도로 소진시키는 가장 효과적인 방법의 하나이다.

공을 펜스 너머로 차라

어쨌든 공을 경기장 밖으로 차낼 상황이라면 상대편의 재빠른 경기 재개를 어렵게 해야 한다. 경기장 주위에 펜스가 쳐져 있다면 그 너머로 공을 차라. 경기장이 숲으로 둘러싸여 있다면 공을 숲속 깊숙이 차라. 볼보이가 가지고 있던 공을 금방 던져줄 수 있을지라도, 그런 다음 그는 당신이 동화의 나라로 차버린 공을 찾으러 자리를 떠야 하므로 다음에 다시 공이 경기장 밖으로 나가면 그 볼보이는 사라지고 없을 것이다. 매 초가 중요하다는 점을 기억하라.

공이 상대편 골키퍼의 손에 들어가지 않게 하라!

가까스로 리드를 지키고 있는 상태에서 상대편 진영 깊숙한 곳에서 공을 가지고 있을 때에는 절대로 그 지역에서 공이 쉽게 빠져나오지 못하게 해야 한다. 결코 하지 말아야 할 일은 공이 상대편 골키퍼의 손에 들어가게 하는 것이다. 왜냐하면 그는 공을 손으로 집어 들고 펀트킥으로 50미터 이상을 보낼 수 있는 유일한 선수이기 때문이다. 나의 충고는 절대로 공을 크로스하지 말라는 것이다. 생각해보라. 당신이 상대편 엔드라인에서 5미터 떨어진 코너 부근에서 공을 가지고 있다고 하자. 여기서 공을 크로스하면 골키퍼에게 공을 낚아챌 기회를 주는 셈이다. 그러면 골키퍼는 페널티 에어리어 라인까지 달려 나가서 센터서클을 넘어설 정도로 멀리 펀트킥을 날릴 것이고 이제 당신 팀은 즉각 압박을 받는다.

어떤 플레이를 해도 크로스보다는 나을 것이다. 공을 코너 부근으로 몰고 가서 몸으로 막아설 수도 있고, 공을 발끝으로 찔러 차서 수비수의 몸에 맞고 아웃되게 하면 스로인을 얻을 수도 있다. 의도가 빗나가서 골킥을 내준다고 해도 펀트킥을 허용하는 것보다는 낫다. 상대편 골키퍼가 펀트킥 한 방으로 경기장의 2/3 되는 지역까지 공을 보내도록 허용해서는 안 된다.

일반적으로 말해서 당신이 골문 가까운 거리에서 너무너무 쉬운 절호의 득점 기회를 갖는 경우가 아니라면 아예 페널티 에어리어 안으로 공을 들여보내지 말라는 것이 나의 충고이다. 공을 코너 부근으로 몰고 가서 시간을 벌어라. 두 골 차로 승리할 필요는 없다. 한 골이면 충분하다.

코치들을 위한 한마디

시간 관리의 훈련에는 다양한 방법이 있다. 한 가지 훈련은 5 대 5, 6 대 6, 혹은 7 대 7의 미니 게임을 통해서 한다. 한 팀이 득점하면 그 팀은 상대편이 골을 넣을 때까지 또는 정해진 시간이 경과할 때까지 다시 득점하는 것이 허용되지 않는다. 또 다른 훈련은 정규 경기장에서 득점 및 남은 경기 시간을 부여해서 하는 상황 게임이다. 예를 들어 빨강 팀이 1 대 0으로 지고 있는 상태에서 경기 시간이 5분 남아 있는 상황과 같은 것이다. 이런 연습은 시간 관리와 관련된 장들에 모두 적용할 수 있다.

제 51 장

골키퍼의 시간 관리

골키퍼들은 반드시 이 장을 읽어야 한다.

　나를 미치도록 화나게 하는 것이 하나 있다면 그것은 우리 골키퍼가 한 골 차 리드를 지키기 위해 공을 집어 들고 시간을 끌려 할 때이다. 일단 공을 손으로 잡으면, 6초 안에 공이 다시 필드로 투입되도록 한다. 심판이 페널티 에어리어 내에서 상대편에게 프리킥을 주는 빌미를 제공하지 말아야 한다. 그건 그만한 가치가 없다. 그런 프리킥을 내주는 것보다는 2~3초를 손해 보는 것이 낫다. 펀트킥으로 멀리 찬 다음 동료들이 경기를 마무리하도록 맡겨라.

　골키퍼가 시간을 끌 수 있는 때는 공을 손으로 잡기 '전'이다. 페널티 에어리어 안으로 굴러 들어오는 위협적이지 않은 공을 발로 컨트롤하면 된다. 공이 경기장 밖으로 나가 골킥이 되면 볼보이를 피할 수 있는 방법을 찾는다. 이는 경기 시간에서 15초 이상을 소진할 수 있는 좋은 기회이다. 공이 엔드라인을 넘어 굴러갈 때 공을 쫓아가지 말고 그 정반대 쪽으로 가라. 페널티 에어리어 끝으로 달려가서 수비수들에게 그들이 잘못했건 안 했건 간에 야단치듯이 소리쳐라. 제발 서둘러 공을 잡지 않도록 한다.

프로 축구를 보면 아주 능숙하게 시간을 끄는 골키퍼들을 보게 된다. 그들의 플레이에 주목하고 경기 중 적절한 때 실행해보라.

코치들을 위한 한마디

이와 관련해 당신의 골키퍼와 대화를 나눠라. 그렇지 않으면 언젠가는 후회하게 될 것이다.

제 52 장

경기에서 지고 있을 때의 시간 관리

이 주제를 다루는 가장 쉬운 방법은 아마도 "앞의 두 장에서 설명한 모든 내용을 뒤집어서 생각하라"고 말하는 것이다. 그러나 그것보다는 더 나은 설명이 필요하다.

경기에서 이기고 있을 때에는 가급적 시간을 죽이려고 하지만 지고 있을 때에는 시간을 살리려고 한다. 아주 자명한 사실이다. 경기에서 지고 있을 때 긴박하게 플레이하고 신속히 경기를 재개해야 한다는 것은 누구나 다 아는 사실이다. 이 외에 너무 많은 선수가 모르는 몇몇 기본적인 전략을 소개하면 다음과 같다.

절대적으로 필요한 상황이 아니라면 파울하지 마라

파울은 최후의 수단으로만 사용하라. 프리킥보다 더 쉽게 경기 시간
을 축내는 방법은 거의 없다. 프리킥은 매번 최소 30초를 갉아먹을 것
이다. 대개 파울은 팀에 득보다는 실이 된다.

용서받을 만한 옐로우 카드는 받아도 된다

경기에서 아직 옐로우 카드를 받지 않은 상태라면 절체절명의 위기에
대처하는 한 가지 방법이 옐로우 카드를 받는 것이다. 예를 들어 상
대편에게 프리킥이 주어졌을 때 프리킥 지점에서 9.15미터를 떨어져야
한다는 규칙을 거부한다. 그러면 심판은 시간을 정지시키고 옐로우
카드를 줄 것이나, 현실적으로 따져보면 심판의 시계를 멈추게 하지
않았는가?

슈팅을 현명하게 선택하라

가장 손쉽게 시간을 흘려보내는 방법은 골킥을 내주는 것이다. 이는
항상 발생한다. 동점골을 얻기 위해 애가 타는 팀은 끈덕지게 상대편
에 압박을 가한다(골문을 두드린다). 그러다가 공이 중앙 미드필더 쪽
으로 튀어나온다. 깜짝 놀란 이 선수는 몸의 균형을 잃은 채 골문으
로부터 27미터나 떨어진 곳에서 엉겁결에 슈팅을 날리고 그 공은 골
문을 멀리 벗어난다. 이는 동점을 만드는 기회를 좌절시킬 수 있는 미

숙한 결정이다. 이를 계기로 상대편은 한숨을 돌리고 시간을 끌 수 있다. 그리고 그로 인해 올라가던 팀의 기세가 꺾인다. 요컨대 그에 따라 상대편은 위기에서 완전히 벗어난다. 절박한 순간이라도 당신은 여전히 침착성을 유지하고, 좋은 결정을 내리며, 자신의 능력에 대해 현실적이어야 한다.

상대편에게 공을 가져다주라

상대편이 경기 재개 시에 시간을 끄는 것을 어렵게 해야 한다. 가능하면 그리고 그런 행동이 적절하다면, 상대편 선수 대신 공을 주워서 경기가 재개될 지점에 정확히 갖다놓는다.

골키퍼가 공을 집어 올리도록 만들어라

당신은 상대편 페널티 에어리어로 들어가는 모든 공을 쫓아가야 한다. 규칙 상 골키퍼는 일단 공을 손으로 잡으면 6초 내에 공을 내보내야 하는데, 심판들은 보통 골키퍼에게 3~4초를 추가로 준다. 그러나 골키퍼가 실제로 공을 집어 올릴 때까지는 6초 규칙의 적용이 시작되지 않는다. 상대편 골키퍼는 압박을 받는 경우가 아니라면 손을 사용하지 않을 것이다. 골키퍼가 시간을 끌지 않도록 하기 위해서는 골키퍼가 공을 집어 올리도록 만들어야 한다.

세트피스 때 공은 골문 안을 향해야 한다

경기 종반에 리드를 당하고 있는 상태에서 당신 팀이 위험한 슈팅 거리에서 프리킥을 얻었다면, 멋진 플레이를 하려 하지 마라. 이런 상황에서 득점을 올릴 준비가 가장 잘되어 있는 팀 동료가 나서서 공을 차도록 한다. 그리고 그는 득점을 올리지 못할지라도 적어도 공이 골문 안을 향하도록 슈팅해야 한다. 또한 반드시 골키퍼가 공을 막도록 만들어야 한다. 슈팅이 골문 안을 향하면 적어도 득점의 가능성은 있다. 즉 골키퍼에게 경기를 망칠 수 있는 기회를 준다. 리바운드 공이 될 수도 있고 위험한 방향으로 굴절될 수도 있다. 그러나 그 슈팅이 골대를 넘어간다면 그런 기회는 완전히 무산되고 많은 시간이 허비될 것이다.

경기 막판에 모험을 두려워하지 마라

꼭 이겨야만 하는 경기에서 마지막 60초가 남아 있고 당신 팀이 한 골 차로 뒤져 있다면 모험을 걸어야 한다. 두 골 차로 져도 괜찮다는 각오를 갖지 않으면 동점을 이룰 최고의 기회를 맞이하지 못할 것이다. 당신 팀이 코너킥이나 프리킥을 얻는다면 골키퍼를 포함한 모든 선수가 상대편의 페널티 에어리어로 들어가도록 하라. 경기에서 질 것 같으면 탄창에 탄환을 남겨둘 이유가 없다.

코치들을 위한 한마디

그저 즉흥적으로 경기에 임하지 마라. 경기가 시작되기 전에 경기 종료 몇 분을 남긴 상황에서 지고 있을 경우에 어찌할 것인지에 대한 복안을 가지고 있어야 한다. 선수들이 그런 상황에서 어찌해야 할 것인지에 대한 아이디어를 얻도록 때때로 훈련 시간의 일부를 그런 비상 상황에 대비한 연습에 할애하는 것도 좋은 생각이다.

제 53 장

골 만들기

제아무리 현명한 결정을 내리고 열심히 뛴다고 해도 결국 공을 골네트 안으로 집어넣지 못한다면 경기에서 이길 수 없다. 슈팅은 테크닉을 요하지만 테크닉만으론 부족하다. 당신이 상대편 골문 앞에서 공을 발 앞에 두고 있더라도 최선의 결정을 내려야만 공이 골네트를 가를 수 있다. 기회를 골로 연결시키는 데 도움이 되는 다섯 가지 요령을 소개하면 다음과 같다.

공을 예상하라

상대편 골문 근처에서는 상황이 아주 빠르게 전개된다. 수비수들은 극도로 긴박하게 플레이할 것이므로 당신이 항상 두 번의 볼 터치로 공을 처리할 기회를 가지지는 못한다. 첫 볼 터치로 슈팅을 하지 못한다면 아예 슈팅 기회를 상실하게 되는 경우가 흔하다. 상대편 골문 가까이 있을 때에는 굴절, 걷어내기 실패, 혹은 리바운드가 되어서 종종 예고 없이 공이 당신의 발 앞에 떨어진다. 그러므로 정신적, 육체적으로 순식간에 반응할 준비를 해야 한다.

'공이 당신을 찾아오리라 예상하고' 첫 볼 터치로 슈팅할 수 있게끔 자세를 갖추어라. 이는 골문으로부터 몇 발짝 물러나서 슈팅 시 골대를 정면으로 바라보고 플레이할 수 있도록 몸의 각도를 바꾼다는 의미일 수도 있다. 골문에 그렇게 가까이 있을 때에는 터치라인 쪽을 바라보는 상태에서 공을 받지 않도록 한다. "만일 공이 당장 내게 온다면, 첫 볼 터치로 슈팅할 수 있을까?" 라고 자문해보라. 그런 질문을 해보면 당신 쪽으로 오는 어떤 공이라도 적절히 처리할 수 있는 자세를 잡게 될 것이다.

골키퍼가 공을 쳐내도록 만들어라

미시시피 대학교에 있을 때 그간 내가 가르쳐본 가장 재능 있고 기술이 좋은 선수들 중 한 명이 있었다[편의상 애비(Abby)라고 부르겠다]. 애비는 마술사였다. 그는 공을 가지고 무엇이든 할 수 있었다. 그는 1 대 1 드리블로 돌파하면서 수비수들을 나가떨어뜨릴 수 있었다. 그는 양발의 어느 표면으로든 공을 찰 수 있었다. 완전 발리킥, 하프

발리킥, 사이드 발리킥 등 뭐든지 척척 해냈다. 그는 그간 내가 가르쳐본 선수들 가운데 누구 못지않게 완벽한 기술을 가진 선수였으므로 지켜보는 것만으로도 즐거웠다. 그러나 골문 앞에서는 그 가엾은 선수가 맥을 못 추었다. 그는 공을 골네트로 집어넣는 방법을 찾을 수 없었다. 당시에 그만이 내가 가르쳐온 선수들 중에서 이렇게 골을 못 넣는 병으로 고통 받는 유일한 선수는 아니었다. 그러나 다른 선수들과 다른 점이 하나가 있었다.

득점을 할 수 없는 것처럼 보이는 대부분의 선수들은 골문 앞에서 기술이나 침착성 중 어느 하나가 부족하며, 대개는 둘 다 부족하다. 그들은 슈팅할 때 어디를 겨냥해야 하는지 모르므로 공이 그들의 발을 떠날 때 그것은 도박에 가깝다. 그들은 정강이로 슈팅하여 공이 골문을 5미터나 비껴가거나, 강한 슈팅을 날려 공이 크로스바 위로 10미터나 벗어나거나, 혹은 공을 골키퍼 정면으로 찬다. 그들은 발의 잘못된 표면을 사용하거나 정확성보다는 파워를 선택한다. 그들은 침착성과 요령이 부족하다. 그런데 애비에게는 이와 같은 문제점이 없었다. 애비의 문제는 이와는 정반대였다.

애비는 공을 어디로 차야 하는지 그리고 거기로 보내기 위해서는 발의 어느 표면을 사용해야 하는지 정확하게 알았다. 그런데 왜 이 놀라운 선수가 모든 것을 제대로 하는 것처럼 보이는데도 골문 앞에서는 맥을 못 추었을까? 애비의 문제는 '너무나' 정확하게 플레이하려는 데 있었다.

골문 가까이 있을 때 애비는 항상 낮게 깔아 모퉁이로 슈팅하였는데, 보통 그건 매우 바람직한 행동이다. 그러나 애비는 오차범위를 허용하지 않았다. 그는 끊임없이 골대의 아래 모퉁이에서 매우 협소한 공간을 겨냥한 슈팅을 했다. 그리고 종종 슈팅이 그 공간에서 10센티미터 정도 빗나갔다. 따라서 애비는 그간 내가 보아온 어느 선수보다도 골대를 맞히는 슈팅을 더 많이 했다. 거듭된 연습 및 경기에서 애비는 골키퍼를 비껴가는 공을 깔끔하게 밀어 넣었지만 골대에 맞고 아웃되는 장면만 보곤 했다.

애비와 함께 문제 해결에 나섰을 때 우선 나는 그가 골키퍼를 상당히 과대평가하고 있다는 점을 확신시켜야 했다. 그는 다른 선수들에 비해 골문에서 슈팅할 공간이 훨씬 더 많았다. 애비에게 시킨 첫 훈련은 골키퍼가 쳐낼 수 있는 슈팅을 하도록 하는 것이었다. 그의 슈팅이 실제로 골대 안으로 가지 않았으면 그 슈팅이 골대에 얼마나 가까웠는지는 중요하지 않다. 슈팅한 공이 골대 사이와 크로스바 아래로 들어가지 않는 한 그 슈팅은 애초부터 득점의 기회가 없는 것이다. 애비는 어느 정도의 오차범위를 허용하기 시작할 필요가 있었다. 나는 그에게 이렇게 말했다: "공이 골문 안으로 들어가는 과정에서 골대를 맞고 들어가도 점수가 더 올라가지는 않아. 모든 골의 가치는 한 점일 뿐이야."

골키퍼가 공을 쳐낼 필요가 없다면 당신은 골키퍼 대신 그의 일을 해준 셈이다. 당신이 골키퍼가 어쩔 수 없이 공을 쳐내게끔 할 때(다시 말해 골문 안으로 슈팅할 때) 골을 넣을 기회가 당신 앞에 펼쳐진다. 골키퍼를 해본 적이 있는가? 그 일은 정말로 고약하게 힘들다. 당신은 약 0.5초 만에 공이 어디로 향하는지 보고, 그것에 반응한 다음, 몸을 충분히 공 뒤로 가져가 공이 골문 안으로 가지 않도록 해야 한다. 그건 아무리 상상력을 동원해도 쉬운 일이 아니다.

골대 안으로 슈팅한다는 것은 골키퍼가 일(아주 힘든 일)을 하게끔 만드는 것이고 골키퍼는 그 일을 제대로 해내지 못할지도 모른다. 또한 골키퍼에게 실수를 범할 수 있는 보통의 인간이 될 기회를 주는 것이다. 다시 말해 그는 당연히 슈팅을 막아야 하는데도 상황을 망쳐 놓을 수 있는데, 그에게 이런 기회를 주는 셈이다. 슈팅이 골문 안으로 향하면 적어도 득점할 기회가 있다. 그뿐만이 아니다. 그런 슈팅을 하면 공이 불규칙 바운스가 되거나, 공이 튀어 골키퍼의 다리 사이로 빠지거나, 혹은 공이 골키퍼의 손 사이를 뚫고 나갈 기회가 있다. 이모든 경우는 공을 엔드라인 너머로 보내서 골킥이 되는 경우보다는 더 낫다.

득점할 기회가 생기면 침착하게 공을 골문 안으로 차야 한다. 대부분의 선수들에게 이는 슈팅할 때 정확성을 위해 파워를 약간 줄인다는 의미이다. 아무리 세게 공을 차도 공이 크로스바 위로 날아간다면 소용없는 일이다. 공을 높이 그리고 멀리 찬다고 점수를 얻는 것은 아니다. 골키퍼가 공을 막도록 일을 시켜라. 아이러니하게도 그러면 더 많은 득점을 올리는 데 도움이 될 것이다. 또한 리바운드 공이 생겨서 골로 연결시킬 기회도 생길 것이다.

골키퍼의 손 높이로 슈팅하지 마라

나의 코치 경력에서 되풀이되는 커다란 좌절 가운데 하나는 선수들이 골키퍼의 손 높이로 슈팅함으로써 천금 같은 기회에서 득점하지 못하는 모습을 지켜보는 것이다. 골키퍼의 손 높이란 몸의 양옆으로 골키퍼의 엉덩이 높이 바로 밑(양팔을 수직으로 내렸을 때 손이 닿는 곳)에서 어깨 높이까지의 구역을 말한다. 왜 거기로 슈팅하면 안 되는지 이유를 알고 싶은가? 왜냐하면 그곳은 골키퍼의 손이 닿는 곳이기 때문이다! 골키퍼는 손 높이로 슈팅이 올 때 '매우 좋아한다!' 그런 슈팅은 골키퍼를 정말이지 멋져 보이게 한다!

간단한 시험을 한번 해보라. 손을 몸의 양옆으로 둔 채 서서 한손을 어깨높이(마치 야구공을 받는 것처럼)까지 들어 올리는 데 얼마나 걸리는지 알아보라. 그런 다음 동일한 자세에서 시작하여 그 손을 바닥에 내리는 데 얼마나 걸리는지 알아보라. 손을 바닥에 내리는 데에는 적어도 두 배의 시간이 걸릴 것이다. 골키퍼도 마찬가지이다.

당신이 골키퍼 옆으로 50센티미터 떨어진 곳에 골키퍼의 손 높이로 슈팅한다면 어떻게 될까. 골키퍼는 단순한 반사행동으로 공을 막아낼 것이다. 그러나 땅볼로 슈팅한다면 이제 골키퍼는 발을 추스르고 몸을 바닥으로 던져 손을 공으로 가져가야 한다. 후자가 훨씬 더 힘든 동작이지 않은가?

골키퍼의 손 높이로 슈팅하면 골키퍼를 편하게 도와주는 셈이다. 그러니 그러지 마라.

골키퍼의 움직이는 탄력을 죽이는 슈팅을 하라

드리블하여 상대편 페널티 에어리어로 들어갈 때 골문 앞을 비스듬히 지나간다면 반대편 골대를 향해서 슈팅해야 한다. 가령 당신이 서쪽으로 비스듬히 드리블하고 있다면, 골키퍼도 몸을 서쪽으로 움직이고 있을 것이다. 만일 당신이 골대의 서쪽 모서리로 슈팅한다면, 골키퍼는 이미 출발한 상태라서 공을 막아낼 가능성이 매우 높다. 그러나 당신이 골대의 동쪽 모서리로 슈팅할 수 있다면, 골키퍼는 이제 발을 멈추고 서쪽으로 향하던 모든 탄력을 죽인 다음 즉시 동쪽으로 몸을 날려야 한다. 이는 골키퍼로서 가장 해내기 힘든 수비 중 하나이며, 이 때문에 수많은 골이 이런 식으로 들어간다.

이와 동일한 원칙을 골문 앞을 가로지르는 크로스 패스에 적용할 수 있다. 골키퍼의 움직임은 크로스 된 공의 움직임을 따라갈 것이다. 당신이 크로스가 올라온 방향으로 슈팅할 수 있다면 흔히 골키퍼는 방향을 바꿀 수 없어 공을 막아내지 못할 것이다. 골키퍼의 움직이는 탄력을 죽이는 슈팅을 하면 골키퍼는 공을 막아내는 데 무진 애를 먹을 것이다.

자책골을 유도하라

골문에 가까이 있지만 슈팅하기에 불가능한 각도, 예를 들어 엔드라인에서 1미터 떨어져 있고 절대적으로 공을 다른 곳으로 보내야 하는 상황에 놓여 있다면 이렇게 해보라: 공을 낮게 그리고 세게 골문 앞, 즉 골키퍼 바로 앞을 가로질러 가도록 차라. 많은 선수가 골 에어리어로 홍수같이 밀려들어 올 것이고 그들은 한결같이 골문으로 직행할 것이다. 그 공은 쭉 뻗어 가다가 팀 동료 중 한 명에게 연결될 수도 있다. 한편 공이 굳이 팀 동료에게 연결될 필요도 없을 것이다. 공을 속수무책인 수비수의 정강이에 맞혀 튕겨나가게 한다면 자책골(own goal: 자기편 골문으로 들어가는 골이라는 의미이며, 공식적인 번역어는 '자살골'이 아니라 '자책골'이다)을 유도할 수도 있다. 공이 골문 앞에 밀집된 선수들을 모두 통과하여 반대쪽으로 나오지만 않는다면 골이 될 가능성이 아주 높다.

코치들을 위한 한마디

축구는 페널티 에어리어 안에서 승패가 결정된다. 나는 골키퍼 + 5 대 5 (5v5 + GK)와 같은 미니 게임을 아주 좋아하는데, 경기장의 상당 부분이 슈팅 거리 내에 있고 아주 많은 득점 기회가 생기기 때문이다. 공격수들은 실전과 같은 환경 속에 골문 앞에서 시간을 보내야 한다. 미니 게임은 선수들이 실제 경기에서 보게 될 상황들의 재현에 매우 좋아 슈팅 결정을 지도할 수 있는 좋은 기회가 된다.

제 54 장

선수 선발

** 이 장의 내용은 미국대학의 축구 선수 선발에 관한 것이므로 한국의 상황과 많이 다를 수도 있다.

당신이 선수 모집 과정에 관심이 있다면 많은 책, 글, 웹사이트, 서비스 기관 및 세미나를 이용할 수 있다. 그러나 나는 너무 자주 무심코 넘어가는 일부 상식적인 조언을 필히 해주어야겠다고 느낀다. 그런 조언 중 처음 몇 가지에 대해서는 당신의 코치나 팀 운영자와 상의해야 할 것이다.

당신이 신입 선수로 뽑히고자 한다면 우리는 당신의 신원을 확인할 수 있어야 한다. 신원 확인을 쉽게 해줄수록 당신이 뽑힐 가능성은 높아진다. 우선 유니폼의 등번호가 잘 보이도록 한다. 분홍색 선수복에 흰색 번호는 25미터 떨어진 곳에서 보이지 않는다. 노란색 선수복에 흰색 번호도 보이지 않는다. 흰색 선수복에 노란색 번호도 마찬가지이다. 흰색 번호가 하늘색 선수복에 쓰여 있다면 또한 마찬가지이다. 당신 팀이 밝은 색 선수복을 착용한다면 번호를 어두운 색으로 하여 읽기에 편하도록 하라. 당신 팀이 어두운 선수복을 착용한다면 번호를 밝게(가급적 흰색으로) 하라. 네모 칸 속에 번호를 써넣고 네모 칸을 어둡게 하는 효과나 기타 효과는 금지이다. 나는 번호가 얼마나 예쁜지에는 관심이 없으며, 오직 경기장을 내려다보면서 번호를 읽을 수 있는지에만 관심이 있다.

아울러 번호를 선수복 앞쪽에 또는 반바지 앞쪽에도 부착하라. 그러면 당신이 경기를 잘하고 있고 우리를 마주보고 있을 때 우리는 당신의 번호를 적어둘 수 있다. 이는 어리석은 얘기처럼 들릴지 모르나, 코치라면 누구나 선수복의 번호를 읽을 수 없던 차에 여러 선수가 뒤엉키는 바람에 추적하던 선수를 놓치는 경우를 경험한다. 선수복 앞쪽에 번호를 부착한다면 도움이 될 것이다.

많은 팀이 현재 티셔츠 차림으로 준비운동을 한다. 당신의 티셔츠에도 번호를 부착하라. 우리가 준비운동을 보기 위해 제때 경기장에 도착한다면 실제로 당신을 찾아낼 수 있기를 바란다. 이는 특히 골키퍼의 경우에 중요한데, 골키퍼는 실제 경기에서보다는 준비운동에서 활동량이 훨씬 더 많기 때문이다. 당신이 어떤 골키퍼인지를 알려주도록 하라. 말이 나온 김에 골키퍼에 대해 몇 마디 더 얘기해보자.

골키퍼들이여, 준비운동 중에 반드시 멋지게 보이도록 힘써라. 당신을 평가하고 있는 코치들은 특히 당신이 소나기 슈팅을 어떻게 막아내는지 보기 위해 일찍 도착할 것이다. 코치들은 90분간의 경기에서보다 15분간의 준비운동 중에 당신의 슈팅 수비 기량을 더 많이 알 수 있다. 준비운동은 당신의 기량을 보여주는 공개행사이다. 그것은 당신의 기량과 훈련 습관을 선보일 기회이다. 경기에 대비해 "몸을 아끼지" 마라. 너무 침착한 나머지 당신의 진가를 보여주지 못함으로써 우리가 아무런 인상도 받지 못해서는 안 된다. 나는 한 번의 준비운동만 보고는 골키퍼로부터 발길을 돌린 경우가 아주 많다. 준비운동이 마음에 안 들면 나는 실전 경기를 지켜보지 않는다. 준비운동은 당신의 기량을 드러낼 절호의 기회이다. 그 순간을 소중히 하라.

경기가 끝난 후 우리는 전략적으로 경기장과 주차장 사이에서 기다리고 있다가 당신이 지나갈 때 더 잘 관찰할 기회를 가질 수도 있다. 우리는 당신에 대해 평가를 내리고자 할 수도 있다. 우리는 그저 당신이 우리가 경기장에 있었다는 점을 알게 하고자 할 수도 있다. 선수복을 갈아입거나 후드가 달린 옷을 입으면 우리는 흔히 당신을 알아볼 수 없다. 경기가 끝난 후 당신이 무슨 옷을 입든 당신을 못 알아볼 정도가 되지 않도록 한다.

DVD를 보낸다면 제발 비디오 속에서 당신의 신원을 밝혀라. 어떤 색깔의 셔츠를 입고 있는지, 등번호, 포지션, 그리고 다른 선수들과 구별되는 기타 특징들(웨이브진 빨강 머리, 자주색 축구화 등)을 내게 알려라. 그러면 내가 화면상에서 보게 되는 21명의 기타 낯선 선수들로부터 당신을 찾아내는 데 도움이 된다. 당신이 이를 직접 DVD상에서 알려준다면 내가 설령 당신의 편지를 잃어버린다고 할지라도(그럴 개연성은 충분하다) 당신을 찾아낼 방법이 항상 있다.

당신이 나에게 전화해서 나의 음성 메시지를 받는다면 몇 학년에 재학 중인지를 확실히 언급하라. 왜냐하면 NCAA에서는 회신 전화를 엄격히 규제하고 있기 때문이다. 이메일의 경우도 마찬가지이다. 나는 당신의 졸업년도를 알아야 한다. 당신의 졸업년도, 소속팀 및 선수복 번호를 적고 선수 자기소개서와 이력서를 포함해 당신이 내게 보내는 모든 것에 이메일 주소를 기입하라.

우리는 당신이 다수의 코치들에게 발송하기 위해 양식화된 편지나 이메일을 작성하리란 점을 이해한다. 그래도 괜찮지만 시간을 내어 아주 조금씩은 각 대학의 특성에 따라 맞춤화해야 한다. 다음과 같이 쓰지 않도록 주의하라:

코치 귀하

저는 귀 대학에서의 학문적 기회와 축구 프로그램에 대단한 관심을 가지고 있습니다.

대신 이렇게 써라:

블랭크 코치 귀하

저는 조지아 대학에서의 학문적 기회와 축구 프로그램에 대단한 관심을 가지고 있습니다.

당신이 '불독팀 파이팅!'(Go Bulldogs! Bulldogs는 조지아 대학교의 마스코트임)과 같은 말로 글을 마무리한다면 보너스 점수를 받을 것이다.

선수 모집의 첫 단계에서 당신의 일차적인 목표는 코치들이 당신의 경기를 보게 하는 것이다. 선수들이 기량을 선보이는 주요 토너먼트 대회가 있기 몇 주 전부터 우리는 유망한 후보들에게서 자신의 경기를 지켜봐달라는 200여 통의 이메일을 받는다. 당연히 그들을 모두 볼 수는 없으므로 우리는 우선순위를 매겨야 한다. 실력이 대등한 유망 후보가 2명 있다면 우선순위는 우리가 계약할 가능성이 더 나은 선수이다. 당신의 이메일에 우리 대학에 대해 진정한 관심을 표하는 내용이 있다면 무엇이든 당신의 서류를 파일의 위쪽으로 옮겨놓는 데 도움이 된다. 나의 주목을 끌었던 이메일 몇 가지를 소개하면 다음과 같다.

- 당신이 SEC에서 멋진 한 해를 보내고 아무개 대학과의 경기에서 승리한 것을 축하드립니다!

- 저는 당신 팀이 아무개 대학과 가진 경기를 지켜봤는데, 당신 팀의 빼어난 공 소유 능력에 깊은 감명을 받았습니다.

- 저는 올 가을에 불독팀의 경기를 텔레비전에서 세 번 봤습니다...

- 조지아의 훌륭한 수의예과 프로그램은 저의 학문적 목표에 완벽하게 맞아떨어집니다.

그리고 마지막으로 제발 대학의 특성에 맞춤화하는 언급을 대학이 바뀌면 바꾸어야 한다는 점을 기억하라! 당신의 이메일이 해당 대학의 해당 코치에게 정확히 전달되도록 하라. 나는 적어도 일 년에 두 번 유망 후보로부터 앨라배마, 버지니아, 콜로라도 및 노스캐롤라이나 주립대학이 자신에게 딱 맞는 대학이라고 말하는 내용의 이메일을 받는다. 뭐 괜찮다. 여기가 어딘지 그들에게 확실히 알려주겠다.

항상 당신의 이메일에 이름, 졸업년도, 소속팀 이름, 그리고 선수복 번호를 기입하라. 그러면 대학 코치들이 당신을 기억하는 데 도움이 된다. 예를 들면 다음과 같다:

이만 줄이겠습니다.

댄 블랭크 - 2014
#7, 해밀턴 F.C.

당신의 이메일에서 보내기 버튼을 누를 때 이메일이 50명의 서로 다른 코치에게 간다는 사실을 우리가 알지 못하도록 하라. 5분씩을 더 내어 한 번에 한 명의 코치에게 이메일을 보내라. 이처럼 이메일을 각 대학의 특성에 따라 맞춤화한다면 자연스레 그리 될 것이다. 내가 당신의 이메일이 우리 대학 말고 다른 대학으로 한 통이라도 보내진 사실을 알게 된다면, 나는 삭제키를 누를 것이다. 나는 그런 면에서는 괴팍한 사람이다.

당신의 이메일 주소는 당신을 대변한다. 이메일 주소가 당신을 잘 나타내도록 하라. partygurl@aol.com이나 boycrazy@gmail.com 같은 주소는 당신을 뽑을 코치들에게 좋은 인상을 주지 못할 것이다.

선수 모집 초기 단계에서 당신의 두 가지 주요 목표는 좋은 코치들의 눈에 띄는 것이고 계속되는 과정에서 탈락하지 않는 것이어야 한다. 세세한 점들을 간과하지 않도록 주의하라.

마지막으로 한 가지 조언을 하자면 대학 축구는 당신의 인생에서 가장 가치 있는 경험 중 하나가 될 것이라는 점이다. 열의와 열정을 가지고 거기에 도전하라. 매일 거기에 최선을 다하라. 그러면 당신은 결코 후회하지 않을 것이다.

맺음말

이 책을 보고나서 본전 생각이 안 들었으면 하는 바람이다. 또한 이 책을 넘기면서 더 똑똑한 선수나 코치가 되게 해줄 정보가 있기를 바란다. 축구는 미묘한 결정이 요구되는 순간들로 점철되어 있다. 그래서 머리가 어느 모로 보나 발만큼 중요하다. 따라서 당신은 생각하는 플레이어로서 자신의 능력을 극대화하도록 노력해야 한다.

코치들에게. 나는 이 책을 쓰는 과정에서 일부 개념들을 간과하였다는 점과 당신이 코치라면 이러한 불찰을 반드시 지적하리란 점을 모를 리가 없다. 또한 나는 내가 제시한 생각들의 일부에 동의하지 않는 코치가 있으리라는 점도 알고 있다. 오히려 환영한다! 나는 당신이 www.soccerpoet.com에 들어와 나름의 생각들을 남겨주길 바란다. 특히 이번 책에 추가로 포함되었어야 했을 개념들을 알려준다면 더욱 좋겠다. 아마도 그러한 내용을 잘 살려 다음 책을 낼 수 있지 않겠는가.

이 책의 주제들을 고르는 데 중요한 역할을 해준 스티브 홀먼, 스티브 뉴젠트와 로빈 콘퍼에게 특히 감사한다. 이 책이 모습을 갖추어 가면서 수많은 경기와 훈련 과정을 지켜볼 때 "저건 한 장으로 다룰 만해!"라고 하면 바로 "맞아!"라는 함성이 터져 나온 순간순간들이 기억난다. 브렌다 거는 이번 책을 포함해 내가 책을 쓰는 거의 모든 프로젝트에서 소중한 친구, 보조자 및 편집자가 되어줬다. 무한한 감사를 보낸다. 대단한 재능을 가진 그래픽 디자이너로 막판에 몰려도 결국 일을 해내고 마는 아론 우시스킨에게도 특별한 감사의 말을 표한다. 나는 아론이 이 분야 말고도 최고의 그래픽 디자이너라는 점을 자신 있게 말한다. 이 책의 그림들을 보고 아론을 책망하지 않았으면 한다. 이 책에서 보게 되는 동굴벽화 같은 그림들은 전적으로 내 책임이다. 그리고 내가 알고 있다고 생각한 축구에 대해 그리도 많은 것을 가르쳐준 그레이엄 램지에게 감사한다.

마지막으로 새신랑이 밤을 새면서 이 책을 쓰는 동안 독수공방을 한 새 신부 엘리자베스에게 미안하다는 말을 전하고 싶다.